HISTÓRIA DA EDUCAÇÃO

Revisão técnica:

Wilian Junior Bonete
Mestre em História Social
Graduado em História

H673   História da educação / Max Elisandro dos Santos Ribeiro...
       [et al.] ; revisão técnica: Wilian Junior Bonete. – Porto Alegre
       : SAGAH, 2023.

       ISBN 978-65-5690-358-3

       1. Educação – História. I. Ribeiro, Max Elisandro dos Santos.

                                                          CDU 37:93/94

Catalogação na publicação: Mônica Ballejo Canto – CRB 10/1023

HISTÓRIA DA EDUCAÇÃO

Max Elisandro dos Santos Ribeiro
Mestre em Educação
Especialização em Gestão e Tutoria em Educação a Distância
Graduação em História

Karla Isabel de Souza
Pós-doutora em Educação
Doutora em Educação
Mestre em Educação
Graduada em Pedagogia

Caroline Costa Nunes Lima
Especialista em Planejamento, Implementação e Gestão da EAD
Especialista em Língua e Literaturas
Graduada em Pedagogia
Graduada em Letras

Claudia Mara Sganzerla
Mestre em História
Graduada em História

Wilian Junior Bonete
Mestre em História Social
Graduado em História

Porto Alegre,
2023

© Grupo A Educação S.A., 2023

Gerente editorial: *Arysinha Affonso*

Colaboraram nesta edição:
Assistente editorial: *Adriana Lehmann Haubert*
Preparação de original: *Edna Hornes, Tássia Carvalho, Susana de Azeredo Gonçalves*
Capa: *Paola Manica | Brand&Book*
Editoração: *Ledur Serviços Editoriais Ltda*

Importante

Os *links* para *sites* da *web* fornecidos neste livro foram todos testados, e seu funcionamento foi comprovado no momento da publicação do material. No entanto, a rede é extremamente dinâmica; suas páginas estão constantemente mudando de local e conteúdo. Assim, os editores declaram não ter qualquer responsabilidade sobre qualidade, precisão ou integralidade das informações referidas em tais *links*.

Reservados todos os direitos de publicação ao GRUPO A EDUCAÇÃO S.A.
(Sagah é um selo editorial do GRUPO A EDUCAÇÃO S.A.)

Rua Ernesto Alves, 150 – Floresta
90220-190 Porto Alegre RS
Fone: (51) 3027-7000

SAC 0800 703-3444 – www.grupoa.com.br

É proibida a duplicação ou reprodução deste volume, no todo ou em parte, sob quaisquer formas ou por quaisquer meios (eletrônico, mecânico, gravação, fotocópia, distribuição na Web e outros), sem permissão expressa da Editora.

IMPRESSO NO BRASIL
PRINTED IN BRAZIL

APRESENTAÇÃO

A recente evolução das tecnologias digitais e a consolidação da internet modificaram tanto as relações na sociedade quanto as noções de espaço e tempo. Se antes levávamos dias ou até semanas para saber de acontecimentos e eventos distantes, hoje temos a informação de maneira quase instantânea. Essa realidade possibilita a ampliação do conhecimento. No entanto, é necessário pensar cada vez mais em formas de aproximar os estudantes de conteúdos relevantes e de qualidade. Assim, para atender às necessidades tanto dos alunos de graduação quanto das instituições de ensino, desenvolvemos livros que buscam essa aproximação por meio de uma linguagem dialógica e de uma abordagem didática e funcional, e que apresentam os principais conceitos dos temas propostos em cada capítulo de maneira simples e concisa.

Nestes livros, foram desenvolvidas seções de discussão para reflexão, de maneira a complementar o aprendizado do aluno, além de exemplos e dicas que facilitam o entendimento sobre o tema a ser estudado.

Ao iniciar um capítulo, você, leitor, será apresentado aos objetivos de aprendizagem e às habilidades a serem desenvolvidas no capítulo, seguidos da introdução e dos conceitos básicos para que você possa dar continuidade à leitura.

Ao longo do livro, você vai encontrar hipertextos que lhe auxiliarão no processo de compreensão do tema. Esses hipertextos estão classificados como:

Saiba mais

Traz dicas e informações extras sobre o assunto tratado na seção.

Fique atento

Alerta sobre alguma informação não explicitada no texto ou acrescenta dados sobre determinado assunto.

Exemplo

Mostra um exemplo sobre o tema estudado, para que você possa compreendê-lo de maneira mais eficaz.

Link

Indica, por meio de *links* e códigos QR*, informações complementares que você encontra na *web*.

https://sagah.maisaedu.com.br/

Todas essas facilidades vão contribuir para um ambiente de aprendizagem dinâmico e produtivo, conectando alunos e professores no processo do conhecimento.

Bons estudos!

---

* Atenção: para que seu celular leia os códigos, ele precisa estar equipado com câmera e com um aplicativo de leitura de códigos QR. Existem inúmeros aplicativos gratuitos para esse fim, disponíveis na Google Play, na App Store e em outras lojas de aplicativos. Certifique-se de que o seu celular atende a essas especificações antes de utilizar os códigos.

PREFÁCIO

O desenvolvimento da educação não é uniforme em todos os lugares do mundo. As sociedades têm características e particularidades que as tornam únicas e, por isso, pensam e organizam seus sistemas educacionais levando em conta seus diferentes aspectos sociais, culturais e políticos. O próprio termo "educação" carrega inúmeros significados e, nesse sentido, é de grande relevância pensar como tal conceito foi elaborado ao longo do tempo.

A disciplina *História da educação* se constitui como um campo autônomo de reflexões e de pesquisas no âmbito da pedagogia, cujos pensadores têm se preocupado em analisar como a educação foi pensada no passado e no presente. O estudo da história da educação nos leva a lançar um olhar reflexivo sobre o fenômeno educacional em épocas distintas, o papel da escola, a forma como os saberes são mobilizados e ensinados e os aspectos que permaneceram e que sofreram rupturas nos sistemas educativos.

Esta obra propõe uma viagem pela história da educação no mundo ocidental europeu, iniciando na Pré-história e passando pela educação nas sociedades tribais, seguindo pela Antiguidade Clássica — em específico, Grécia e Roma — e pela Idade Média, destacando a influência da Igreja Católica. São abordados, também, os aspectos educacionais da Idade Moderna com o Renascimento, a Idade Contemporânea e o Iluminismo, bem como uma análise sobre os fenômenos da história da educação brasileira contemporânea.

SUMÁRIO

A educação nas sociedades tribais 13
Max Elisandro dos Santos Ribeiro
A educação nas sociedades tribais 13
O trabalho como princípio educativo:
educação, trabalho e organização social 19

O nascimento da filosofia e a educação grega 23
Max Elisandro dos Santos Ribeiro
O nascimento da filosofia e da educação na Grécia Antiga 24
A paideia e o ideal de educação na Grécia 25
Filosofia e educação na Grécia 26

A educação em Roma 31
Max Elisandro dos Santos Ribeiro e Wilian Junior Bonete
O ideal romano de educação 31
A herança grega na educação romana 34
A importância da educação na história romana 36

Educação na Idade Média 41
Max Elisandro dos Santos Ribeiro
A educação na Idade Média: a formação da cultura,
a educação religiosa e as primeiras universidades 41
A educação pela fé: o papel da Igreja na organização social
do conhecimento 45
O esforço da educação em harmonizar a fé e a razão 47

A educação na Idade Moderna 51
Max Elisandro dos Santos Ribeiro e Wilian Junior Bonete
As características do pensamento moderno e
suas implicações na pedagogia 52
As contribuições da Reforma Protestante para a educação 56
A filosofia de Montaigne e a educação 59

A influência do Iluminismo na educação 63
Max Elisandro dos Santos Ribeiro
A importância do Iluminismo na educação 63
A importância de Comênio e Rousseau para a pedagogia moderna 69
Revolução Francesa e a escola pública e laica 71

O início da escolarização no Brasil e a educação jesuítica 79
Max Elisandro dos Santos Ribeiro

A colonização da América e sua influência na organização
da cultura brasileira 79

As características da educação jesuítica e a organização
da sociedade colonial 82

O ensino jesuítico: alicerces da religiosidade e princípios
da dominação no Brasil colonial 84

Tendência elitista da educação imperial 91
Max Elisandro dos Santos Ribeiro

A educação brasileira no período imperial 91

A Reforma Pombalina e a elitização da educação imperial 95

A educação imperial e a organização da cultura e do conhecimento 97

Escola Nova: importantes educadores e teóricos europeus e norte-americanos 105
Claudia Mara Sganzerla

Os ideais da Escola Nova 106

Fröbel, Dewey e Freinet: principais ideias e contribuições 108

Montessori, Rogers e Piaget para uma nova visão de educação 112

Escola Nova no Brasil 121
Claudia Mara Sganzerla

O movimento Escola Nova e seus reflexos 121

Manifesto dos Pioneiros da Educação Nova 124

Anísio Teixeira e Lourenço Filho, mais do que personagens de uma luta 126

Escola e ensino durante a Ditadura Militar no Brasil 131
Karla Isabel de Souza

O ensino no período da Ditadura Militar 132

As mudanças impostas pelo autoritarismo
e a reforma tecnicista do ensino 135

Reformas educacionais — as principais leis que modificaram
a estrutura da Educação brasileira 137

Contribuições do pensamento pedagógico crítico e progressista 143
Karla Isabel de Souza

Pedagogia crítica e progressista 143

Pedagogia Paulo Freire 148

Propostas para a educação 152

A educação no Brasil e a abertura democrática...........................159

Caroline Costa Nunes Lima

O contexto educacional brasileiro na década de 1980...159

Transformações no ensino a partir da Constituição de 1988.................................. 162

As correntes teóricas de ensino no período
de redemocratização brasileira.. 163

Formação e profissionalização docente no Brasil 169

Caroline Costa Nunes Lima

Processos de formação de professores no Brasil em diferentes
contextos históricos.. 169

A formação e profissionalização docente..173

Formação e profissionalização docente na contemporaneidade..........................176

A Lei nº 9394/96 (LDB), os Parâmetros Curriculares Nacionais e a educação no Brasil...181

Karla Isabel de Souza

A educação brasileira a partir da Constituição de 1988 182

As diretrizes da educação na LDB...186

Organização e oferta do ensino no Brasil 189

A educação na atualidade, desafios e possibilidades................197

Karla Isabel de Souza

A educação pública brasileira 197

Modelos educacionais 201

A escola e a educação no século XXI 204

A educação nas sociedades tribais

Objetivos de aprendizagem

Ao final deste texto, você deve apresentar os seguintes aprendizados:

- Identificar os diferentes processos educacionais existentes nas sociedades tribais.
- Relacionar os processos educativos ao modo de vida, trabalho e cultura dessas sociedades.
- Analisar a importância da educação em suas diferentes formas de organização do conhecimento e da cultura.

Introdução

Neste capítulo, você vai identificar os processos de educação e as formas de trabalho existentes nas sociedades tribais, isto é, aquelas sociedades não letradas que buscavam por meio de suas manifestações míticas e sociais formas de registrar e disseminar seus valores, práticas, técnicas e, principalmente, sua cultura ao longo da existência. Além disso, você vai explorar a importância da educação nas sociedades tribais e relacionar os processos de educação desses grupos sociais aos seus modos de vida, de trabalho e de cultura.

A educação nas sociedades tribais

Durante sua formação escolar, você deve ter estudado a história das sociedades tribais ou também como as chamadas comunidades primitivas são conhecidas. De acordo com a historiografia, esses grupos humanos representam a primeira forma de organização social da história da humanidade. Tal forma de organização predominou até cerca de 5 mil anos atrás e diminuiu consideravelmente com o desenvolvimento de grupos humanos mais complexos e a utilização da escrita.

Você deve lembrar que as sociedades tribais não desapareceram, mas passaram por uma redução considerável em virtude da evolução humana. É possível encontrar alguns grupos humanos que preservam algumas características dos povos primitivos que vivem em regiões da África, da Ásia e também do Brasil.

Segundo Araújo (2010), as características que se destacam nas sociedades tribais são a inexistência de um Estado institucionalizado e da ideia de propriedade privada, a inexistência de classes sociais e a não utilização da escrita. Uma característica marcante das sociedades tribais foi a crença em mitos e lendas e a forte contribuição dos aspectos religiosos na educação entre gerações.

Saiba mais

Nas sociedades tribais, o conhecimento era passado a cada nova geração pela repetição dos gestos cotidianos: as crianças aprendiam mediante a observação das tarefas rotineiras dos adultos, tipo de educação chamado educação difusa (ROMANO, 2011).

Segundo os historiadores, as sociedades tribais foram consideradas pré-históricas por não conhecerem a escrita. Tradicionalmente, viviam em pequenos grupos familiares, caçavam e coletavam seus alimentos; (alguns já) construíram artefatos, comunicavam-se geralmente pela fala e, por vezes, a partir de códigos e signos em pinturas e esculturas. Além disso, ainda era comum a comunicação por meio dos rituais místicos ou religiosos, como danças, preces ou outras formas de manifestação da fé. É importante salientar que o fato de eles não conhecerem a escrita não os diminui culturalmente: essa característica simplesmente os insere em outra categoria social.

O homem pré-histórico é culturalmente o mais primitivo que se conhece. Evidências revelam que duas espécies humanas existiram nesse período: o homem de Java e o homem de Pequim. No entanto, não há quaisquer vestígios de artefatos utilizados por eles. Ainda assim, numerosas pesquisas arqueológicas têm sido conduzidas, e tudo o que se sabe sobre os indivíduos pré-históricos é resultado delas: historiadores e demais estudiosos (como antropólogos e arqueólogos) têm procurado reconstituir o modo de vida de tais grupos humanos a partir de fragmentos de objetos, pinturas em cavernas, utensílios de caça e pesca e de outras formas de manifestação cultural.

O período Paleolítico Inferior é o mais provável período da existência de uma forma de organização grupal rudimentar de humanos. Tal característica, assim como o uso da pedra lascada como arma, era uma condição fundamental para caçar grandes animais. É importante salientar que o desenvolvimento de uma forma de educação que transmitisse o conhecimento se tornou essencial nessa forma primária de vida comunitária, o que auxiliava substancialmente na preservação da cultura e no desenvolvimento da sociedade, uma vez que eliminaria os processos de erro e acertos já experimentados. Diante dessas necessidades, a maneira encontrada pelas sociedades tribais para educar suas crianças e prepará-las para a vida na tribo foi na **própria vida da tribo**. Comumente, os adultos ensinavam as crianças por meio das atividades diárias ou pelo modo de agir e ser em todos os momentos: ao acompanharem os adultos nas atividades de trabalho, cerimoniais religiosos e demais atividades cotidianas da tribo, as crianças assimilavam o conhecimento, desde necessidades mais básicas (como a de manter a subsistência) até aspectos morais e religiosos de sua cultura.

Outro aspecto importante na educação nas sociedades tribais foi a crença em mitos e lendas. Essas crenças auxiliavam em sua visão de mundo, reforçavam os valores morais existentes na comunidade e "explicavam" numerosas dúvidas, como a existência da vida e do mundo, por exemplo. Dessa forma, ao considerar esses aspectos, você será capaz de identificar os processos educacionais das sociedades tribais, bem como compreender sua importância para a organização social, sistematização da vida e a preservação das tradições e da religiosidade.

Saiba mais

Na atualidade, existem diversos grupos que conservam aspectos semelhantes aos das sociedades tribais da Pré-história, como é o caso de povos aborígenes da África e grupos indígenas brasileiros. Embora tenham incorporado em sua cultura diversos aspectos da cultura ocidental moderna, tais grupos são os exemplos mais próximos das sociedades tribais primitivas (Figura 1).

Figura 1. Tribo Masai, na Tanzânia (África): exemplo de grupo de integrantes de uma comunidade tribal na atualidade.
Fonte: Aleksandar Todorovic/Shutterstock.com.

Fique atento

O senso demográfico do IBGE de 2010 revelou que, das 896 mil pessoas que se declaravam/consideravam indígenas, 572 mil (63,8%) viviam na área rural e 517 mil (57,5%) moravam em terras indígenas oficialmente reconhecidas. Esses dados indicam a importância de possibilitar políticas de preservação da cultura, da memória e da própria vida das comunidades indígenas no Brasil.
Fonte: Brasil (2018).

A educação nas sociedades primitivas ocorria de maneira simples e estava ligada ao cotidiano dos indivíduos. Segundo Lima e Silva (2012), essa forma de educação foi fundamental para educação da humanidade.

A educação entre os povos primitivos foi fundamental para o início do desenvolvimento educacional da humanidade. Como exemplo básico dessa forma de educar, é possível citar as sociedades primitivas localizadas no centro da África, que se educavam de uma maneira peculiar e heterogênea por meio da Educação Difusa ou, como também era chamada, educação por imitação, processo em que os jovens e crianças repetiam os gestos praticados pelos adultos, desenvolvendo assim, habilidades e técnicas necessárias ao seu dia a dia.

A presença dos mitos e lendas foi outro elemento importante para a educação nas sociedades tribais. Romano (2011) enfatiza a importância da educação difusa nas sociedades tribais:

> [...] através da educação difusa é possível passar o conhecimento e os costumes de geração para geração de forma oral. As sociedades tribais ensinam baseadas no saber mítico, que fundamenta os fenômenos naturais nos deuses, exemplos, como deus da chuva, deus do sol e assim por diante.

Esse aspecto acerca dos mitos e lendas na cultura guarani demonstra diversas passagens relacionadas à lenda de Tupã (Iamandu ou Nhanderu), considerado o deus Sol e realizador de toda a criação humana.

Conforme Melatti (1972), as sociedades tribais eram míticas e apresentavam tradição oral, dado que era vital compreender os fenômenos que ocorriam: careciam entender o mundo em que viviam. Segundo o autor:

> Os mitos são antes de tudo narrativas. São narrativas de acontecimentos cuja veracidade não é posta em dúvida pelos membros de uma sociedade. Muita gente pensa que os mitos nada mais são do que descrições deturpadas de fatos que realmente ocorreram. Na verdade, porém, tudo indica que os mitos têm mais a ver com o presente do que com o passado de uma sociedade. Embora as narrativas míticas sempre coloquem os acontecimentos de que tratem em tempos pretéritos, remotos, elas não deixam de refletir o presente, seja no que toca aos costumes, seja no que toca a elementos tão palpáveis como os artefatos (MELATTI, 1972, p. 125).

Romano (2011) destaca que, além de ensinamentos orais, outros ensinamentos aplicados no cotidiano eram passados a cada geração. As crianças aprendiam a partir de imitações dos gestos dos adultos nas atividades diárias e nos rituais: aprendiam a caçar, pescar e a pastorear, assim como assimilavam as atividades da agricultura. Justamente por não existir a escola tal qual a conhecemos, os ensinamentos eram práticos, solidificados no dia a dia de cada grupo e respeitavam o contexto social e histórico. Por meio desse tipo de educação era possível desenvolver e aperfeiçoar as habilidades das crianças e dos adultos, já que é na vida diária que as crianças apreendem novos conhecimentos, sem que haja a necessidade de um professor ou um mestre como nos modelos de educação formal e escolarizada da sociedade moderna.

Saiba mais

A grande importância da educação difusa é a possibilidade da existência de uma sociedade sem classes, uma vez que não há quem controla o conhecimento: todos aprendem por igual.

Lima e Silva (2012) destacam que a educação difusa era destinada a todos os integrantes da sociedade e era transmitida e recebida até mesmo inconscientemente. Ressaltam, ainda, que havia momentos em que a educação era aplicada propositalmente, como nos casos dos rituais de iniciação dos jovens no início da vida adulta. Além disso, na maioria das vezes, os aprendizes não recebiam castigos físicos por cometerem erros ao praticar o que lhe fora ensinado. Segundo os autores, a educação difusa era uma característica marcante das sociedades que, mesmo diante de todas as inovações pedagógicas de nosso tempo, ainda se mantém como forma de educação na cultura desses povos. Os descendentes aborígenes, na África, na Ásia e na América são citados como exemplo.

Link

Faça a leitura do artigo "Aprendendo com todas as formas de vida do planeta: educação oral e educação escolar Kanhgág", de Dorvalino Cardoso.

https://goo.gl/Zuj2bb

O trabalho como princípio educativo: educação, trabalho e organização social

O trabalho, na qualidade de ação humana, é considerado um ato que garante a subsistência humana para a vida e que integra o ser e o meio. A relação estabelecida entre trabalho e educação trata do do conceito de trabalho como princípio educativo, conceito definido por Frigotto, Ciavatta e Ramos (2010, documento *on-line*).

> O trabalho como princípio educativo vincula-se, então, à própria forma de ser dos seres humanos. Somos parte da natureza e dependemos dela para reproduzir a nossa vida. E é pela ação vital do trabalho que os seres humanos transformam a natureza em meios de vida. Se essa é uma condição imperativa, socializar o princípio do trabalho como produtor de valores de uso, para manter e reproduzir a vida, é crucial e "educativo".

Analisar a importância do trabalho na reprodução da vida e a relação do ser com o meio em que ele vive possibilita perceber a maneira encontrada nas sociedades tribais para educar as gerações futuras. A educação difusa e a repetição dos gestos dos adultos pelas crianças trata diretamente dessa relação do trabalho como princípio educativo. A identidade, a representação social, o conhecimento e a cultura do indivíduo se originarão por meio das suas ações como ser que trabalha.

Essa relação do trabalho como princípio educativo existe tanto nas sociedades tribais em que não há diferenciações sociais quanto nas sociedades capitalistas caracterizadas pelo trabalho assalariado e pela desigualdade de classes, basta observar atentamente e será constatada uma preocupação na implementação de políticas educacionais voltadas a resolver problemas do mundo do trabalho. Assim, não importa o tipo de sociedade observada (tipo tribal ou capitalista neoliberal), o trabalho e a educação são esferas que podem revelar muito sobre as formas e métodos de ensino ou das necessidades de produção e preservação do conhecimento de dada sociedade, o que contribui com a preservação da cultura e da identidade de um povo. Considere como exemplo a sociedade brasileira atual: a fim de analisar suas formas de organização e representação social, é necessário observar toda sua história desde a organização das sociedades tribais, analisar os trezentos anos de trabalho escravo do povo africano, a abolição da escravatura e todas as formas de trabalho existentes até hoje.

Os grupos indígenas do Brasil passaram, ao longo de todo período colonial, por um brutal processo de aculturação pelo império. Não apenas suas terras foram conquistadas, sua cultura sucumbiu ao poder da cultura ocidental. Os pequenos grupos que resistiram até hoje a todo esse processo de exploração e aculturação se esforçam em preservar sua cultura e suas tradições morais e religiosas. As políticas de resgate e preservação da cultura dos grupos indígenas são recentes no Brasil e são muitos os esforços dos líderes indígenas e de instituições representativas da cultura indígena para preservar as tradições e as formas de vida das sociedades tribais. Tal esforço também ocorre na educação: a legislação vigente possibilita uma educação "mista" aos povos indígenas, na qual questões pertinentes a suas necessidades, assim como tradições culturais e religiosas são parte do currículo.

Saiba mais

Mediante a educação brasileira, tem-se buscado uma forma de valorizar a cultura e os saberes dos diferentes grupos étnicos que compõem nossa sociedade. Para isso, foram criados programas e diretrizes específicas para cada cultura e forma de vida.

Para você entender a importância das escolas indígenas relacionadas à educação formal, leia sobre a organização da educação indígena no Brasil nas últimas décadas em "Educação Indígena", disponível no link a seguir.

https://goo.gl/Pf6sbJ

Exemplo

No ano de 2013, uma escola indígena foi inaugurada em Viamão (RS). A escola funciona na própria aldeia e oferece um currículo voltado às necessidades da tribo, ao trabalhar elementos de sua cultura e tradição.

Referências

ARAÚJO, R. D. *Sociedades tribais*, 2010. Disponível em: <http://renatadaraujo.blogspot.com.br/2010/04/sociedades-tribais.html>. Acesso em: 23 fev. 2018.

BRASIL. Ministério da Justiça. *O Brasil indígena (IBGE)*. Disponível em: <http://www.funai.gov.br/index.php/indios-no-brasil/o-brasil-indigena-ibge>. Acesso em: 13 mar. 2018.

FRIGOTTO, G., CIAVATTA, M.; RAMOS, M. *O trabalho como princípio educativo no projeto de educação integral de trabalhadores*: excertos. São Paulo: Secretaria Nacional de Formação - CUT, 2005. Disponível em: <http://redeescoladegoverno.fdrh.rs.gov.br/upload/1392215839_O%20TRABALHO%20COMO%20PRINC%C3%8DPIO%20EDUCATIVO%20NO%20PROJETO.pdf>. Acesso em: 25 fev. 2018.

LIMA, L. B.; SILVA, L. F. M. Educação difusa: a primeira forma de ensinar. *Anais do Salão Internacional de Ensino, Pesquisa e Extensão*, v. 4, n. 1, 2012. Disponível em: <http://seer.unipampa.edu.br/index.php/siepe/article/view/766>. Acesso em: 23 fev. 2018.

MELATTI, J. C. *Índios do Brasil*. 2. ed. Brasília: Coordenada, 1972.

ROMANO, B. I. P. *Educação difusa nas sociedades tribais*, 2011. Disponível em: <http://bianca-ibanhes.blogspot.com.br/2011/09/educacao-difusa-nas-sociedades-tribais.html>. Acesso em: 23 fev. 2018.

Leituras recomendadas

ARANHA, M. L. A. *História da educação*. 2. ed. São Paulo: Moderna, 2000.

BRANDÃO, C. R. *O que é educação*. 48. ed. São Paulo: Brasiliense, 2006.

BRASIL. Ministério da Educação. *Educação indígena*. Disponível em: <http://portal.mec.gov.br/index.php?option=com_content&view=article&id=12315:educacao-indigena&catid=282:educacao-indigena&Itemid=635>. Acesso em: 13 mar. 2018.

CONSELHO INDIGENISTA MISSIONÁRIO. *História dos povos indígenas*: 500 anos de luta no Brasil. 2. ed. Petrópolis: Vozes, 1984.

CUNHA, I. A. Mediações na articulação trabalho-educação. *Trabalho & Educação*, v. 10, n. 10, 2002. Disponível em: <https://seer.ufmg.br/index.php/trabedu/article/view/7388>. Acesso em: 13 mar. 2018.

FRANZOI, N. *Da profissão de fé ao "mercado de trabalho" em constante mutação*: trajetórias e profissionalização dos alunos do Plano Estadual de Qualificação do Rio Grande do Sul (PEQ-RS). Tese (Doutorado em Educação) – Faculdade de Educação, Universidade Estadual de Campinas. Campinas, 2003.

FREIRE, P. *Pedagogia do oprimido*. 14. ed. Rio de Janeiro: Paz e Terra, 1983.

O nascimento da filosofia e a educação grega

Objetivos de aprendizagem

Ao final deste texto, você deve apresentar os seguintes aprendizados:

- Identificar a influência do pensamento filosófico na organização do conhecimento na sociedade grega.
- Reconhecer a importância dos processos educacionais na Grécia Antiga para o desenvolvimento da filosofia e do conhecimento.
- Relacionar os aspectos do conhecimento filosófico grego na organização da cultura antiga.

Introdução

A Grécia Antiga é considerada o berço de toda a cultura ocidental, em que inúmeros valores morais e sociais da atualidade têm suas raízes. O nascimento da filosofia representa o início do pensamento humano racional e do desenvolvimento intelectual do homem. A organização em cidades-estado exigia um tipo de educação voltada para o desenvolvimento físico e intelectual: os homens gregos eram preparados para viver na pólis: deveriam estar aptos a discutir questões políticas e a participar de guerras.

Neste capítulo, você verá a importância do desenvolvimento da filosofia para a educação na Grécia Antiga, discutirá a definição do conceito de paideia e seus desdobramentos para a educação e a organização do conhecimento e da cultura grega e reconhecerá a importância do desenvolvimento do pensamento racional para a história da humanidade.

O nascimento da filosofia e da educação na Grécia Antiga

A cultura e a forma de organização política e social da Grécia Antiga foram ponto de partida para as civilizações estruturadas posteriormente. Os poemas "A Odisseia" e "A Ilíada", de Homero, poeta grego que viveu no século VIII a.C, são obras fundamentais na compreensão do pensamento e da forma de vida dos gregos nesse período.

A região da Grécia Antiga era habitada por tribos independentes, que frequentemente rivalizavam entre si. Merecem destaque os aqueus (fundadores do Reino de Minos), eólios (Macedônia), dórios (Esparta) e jônios (Atenas). Portanto, os gregos não eram um povo único, mas uma fusão de tribos indo-europeias (Figura 1).

Figura 1. Mapa da Grécia Antiga.
Fonte: Adaptada de pavalena/Shutterstock.com.

A paideia e o ideal de educação na Grécia

Os gregos foram os primeiros a problematizar o tema educacional. Na literatura grega, há registros de questionamentos do conceito de educação. Os personagens que transformaram tal debate em uma importante questão filosófica foram os sofistas, Sócrates, Platão, Isócrates e Aristóteles. Assim, a sociedade ateniense viu surgir o conceito de "paideia" (παιδεία), termo empregado para se referir à noção de educação na sociedade grega clássica (SANTIAGO, 2018).

A palavra paideia deriva de *paidos* ou *pedós* = criança e significava "criação dos meninos": era relacionada, mais precisamente, à educação familiar, a bons modos e a princípios morais. Era também um sistema que englobava a totalidade dos aspectos da vida: os conteúdos abordados eram ginástica, geografia, gramática, história natural, matemática, filosofia, retórica e música. A Grécia Antiga trouxe, consequentemente, o modelo humanístico de educação, semelhante ao que se utiliza nos dias atuais (SANTIAGO, 2018).

Link

Assista ao vídeo "PAIDEIA: o ideal da educação na Grécia Clássica". O vídeo apresenta uma palestra sobre o conceito de paideia e os sentidos da educação para o povo grego e suas contribuições para a cultura ocidental na contemporaneidade.

https://goo.gl/ZfUhAV

História e educação na Grécia Antiga

Ao observar a história da educação na Grécia Antiga, é necessário relacionar os aspectos da educação ao contexto histórico. Para isso, será apresentada a seguir uma sistematização dos aspectos históricos e as características de seu cada modelo de educação. Logo, a formação do povo grego compreende os seguintes períodos históricos:

- **Período pré-homérico (2500-1100 a.C.) ou heroico**, em que aconteceu a formação do povo grego com a junção de várias tribos. Nesse período, prevalece a educação baseada na crença mitológica, na qual as explicações para a vida e os acontecimentos são e devem ser guiados e decididos pelo sobrenatural.
- **Período homérico (900-750 a.C.)**, período retratado pelos poemas de Homero (Ilíada e Odisseia), quando a prática da oralidade era largamente utilizada na transmissão do legado cultural no país. Continua a concepção mítica de mundo.
- **Período arcaico (século VII e VI a.C.)**, período da formação das cidades-estado, escrita, moeda, lei, sofistas e da vida urbana na pólis grega. A educação em Esparta visava à preparação física e militar para a guerra.
- **Período clássico (final do século V a.C. ao século IV d.C.)**, período que corresponde ao apogeu e decadência da civilização grega. Ocorre o desenvolvimento das leis e das políticas públicas para a sociedade.

Nesse período, desenvolveu-se a educação voltada à razão humana, e o cosmocentrismo foi integralmente priorizado. De acordo com Xavier (2016, p. 92), "a educação grega é alavancada em razão do desenvolvimento democrático nas cidades e da possibilidade do acesso à educação a todos os cidadãos gregos".

Saiba mais

Devido à grande expansão e à dominação do Império grego a outras regiões, a educação desse período é chamada de helenística/enciclopédica e ficou conhecida como cultura alexandrina, em razão de seu imperador Alexandre, "o Grande".

Filosofia e educação na Grécia

Estudos históricos comprovam que o desenvolvimento do pensamento filosófico surge por volta do século VII a.C. na cidade de Mileto, na Grécia Antiga. O desenvolvimento da filosofia representa uma nova forma de pensar a existência humana, quando as lendas e mitos não são mais o centro da crença e os gregos passam a racionalizar a vida na pólis. Em Vernant (2006, p. 109), você encontra o nome de alguns dos primeiros filósofos e suas formas de pensar:

> [...] o advento da filosofia, na Grécia, marca o declínio do pensamento mítico e o começo de um saber de tipo racional [...] homens como Tales, Anaximandro, Anaxímenes inauguram um novo modelo de reflexão concernente à natureza [...] da origem do mundo, de sua composição, de sua ordem, dos fenômenos meteorológicos, propõem explicações livres de toda a imaginária dramática das teogonias e cosmogonias antigas.

Historicamente, esse período é chamado de período arcaico (século VII e VI a.C.), fase da formação das cidades-estado e da presença da escrita, da moeda, da lei, dos sofistas (primeiros filósofos) e da vida urbana na pólis grega.

Em Esparta, a instrução era voltada para a preparação física e militar visando à guerra. Não havia, nesse período, uma educação voltada à compreensão humanística do mundo (XAVIER, 2016). Por outro lado, em Atenas, a partir do final do século VI e século V a.C., o pensamento filosófico e científico passou a receber importância. Para os atenienses, a educação intelectual foi situada no mesmo patamar da educação física, com o objetivo de formar o homem em sua plenitude tanto corpórea quanto intelectual.

A formação corpórea era, ainda, vinculada à arte e à estética. O Estado não era mais visto apenas como máquina de conquista, mas buscava assegurar a liberdade do cidadão ateniense. Note na ilustração (Figura 2) elementos dos ideais de educação grega.

Figura 2. Desenvolvimento da arte, da estética e da guerra na educação grega em uma única imagem.
Fonte: matrioshka/Shutterstock.com.

A educação grega era centrada na formação integral do indivíduo. Enquanto ainda não existia escrita, a educação era ministrada pela própria família, conforme a tradição religiosa. A transmissão da cultura grega se dava também por meio das inúmeras atividades coletivas, tais como festivais, banquetes, reuniões. A escola ainda permanecia elitizada, ao atender aos jovens de famílias tradicionais da antiga nobreza ou dos comerciantes enriquecidos. O ensino das letras e dos cálculos demorou um pouco mais para se difundir, já que a formação nas escolas era mais esportiva do que intelectual.

Outro aspecto que deve ser considerado é a questão do gênero: meninos e meninas recebiam educação diferente, e isso influenciava em sua participação e importância social. Os meninos da Grécia Antiga, assim como nos demais povos da antiguidade, eram considerados "marginais"; e, como tal, eram violentados e explorados de várias formas. Somente a partir dos sete anos de idade, quando era menor o risco de morte, os meninos eram inseridos em instituições públicas e sociais que lhe concediam uma identidade e lhe indicavam uma função (HISTÓRIA DA EDUCAÇÃO, 2018). As meninas não tinham acesso à educação formal: elas aprendiam tarefas domésticas e trabalhos manuais com a mãe.

Ao contrário dos povos orientais, que atribuíam a educação e a autoridade máxima às divindades, na Grécia Clássica, o homem era livre para pensar, criticar, refletir e descobrir a partir dele mesmo a racionalidade da vida. O homem era a medida dele próprio: seria capaz de transformar, entender e usar os recursos da natureza em seu próprio benefício. Foi quando surgiram os grandes educadores e os filósofos Sócrates, Platão (também conhecido como o primeiro pedagogo) e Aristóteles (discípulo de Platão). Aos dois últimos são atribuídas as duas principais tendências do conhecimento filosófico que perduram até nossos dias:

- **Tendência idealista platônica:** Platão (427-347 a.C.) considerado o primeiro pedagogo, não só por ter concebido um sistema educacional para o seu tempo. Mas, principalmente, por tê-lo integrado a uma dimensão ética e política. Platão foi o fundador da Academia, representando a educação superior. O objetivo final da educação, para o filósofo, era a formação do homem moral vivendo em um Estado justo.
- **Tendência realista aristotélica:** Aristóteles (384-322 a.C.), nascido em Estagira, na Macedônia, hoje pertencente à Grécia. Foi o idealizador do Liceu, que representava a educação intermediária.

O Liceu de Aristóteles tinha cursos regulares em tempo integral, de manhã e à tarde. Pela manhã, os discursos do filósofo eram "esotéricos", isto é, voltados a um público interno, mais restrito, com conhecimentos sobre lógica, física, metafísica maiores e mais avançados. Os discursos da tarde, os "exotéricos", eram destinados ao público em geral e diziam respeito a temas mais acessíveis, como retórica, política, literatura. Seus escritos discorrem sobre numerosos assuntos, tais como biologia, física, lógica, ética, política e arte.

Indubitavelmente, as diferentes concepções dessas escolas foram cada vez mais relevantes nos debates e na consolidação da filosofia e, em particular, da educação na paideia grega. No entanto, é notável que as Escolas pirronista, estoicista e epicurista divergiam em muitos aspectos teóricos das Escolas de Platão e Aristóteles.

Na concepção pirronista, a busca por compreender a essência das coisas teria o mesmo efeito que a busca pela infelicidade. "Desse modo, se queres ser feliz, deixai as coisas como estão, em seus devidos lugares de origem, imutáveis. Essa é a melhor forma de viver em paz e com felicidade" (XAVIER, 2016, p. 93). O epicurismo não nega a possibilidade de se alcançar o conhecimento das coisas, já que tudo é composto por milhares de partículas atômicas formadoras de matéria exterior, fora do ser, sentidas por nossos órgãos sensoriais, podendo significar momentos de felicidade ou de dor. A Escola estoica acreditava que a natureza do ser é o todo e o tudo em matéria de existência e o homem é por natureza um ser racional. Segundo o estoicismo, existe um princípio ontológico para que o ser humano possa viver feliz: aprender a conviver respeitosamente com sua própria natureza geratriz, afastando de si toda e qualquer intempérie negativa da formação e condução para o bem (XAVIER, 2016).

Em termos de educação, os gregos têm muito a ensinar aos demais povos. Cabe a nós, educadores, refletir sobre os ensinamentos dos povos antigos a fim de pensar e implementar uma educação preocupada com questões pertinentes ao nosso tempo.

Referências

HISTÓRIA DA EDUCAÇÃO. *Antiguidade grega*: a paideia. Disponível em: < http://he-linhadotempo.blogspot.com.br/2012/04/antiguidade-grega-paideia.html>. Acesso em: 01 fev. 2018.

SANTIAGO, E. *Paideia*. Disponível em: <https://www.infoescola.com/educacao/paideia/>. Acesso em: 01 fev. 2018.

VERNANT, J. P. *As origens do pensamento grego*. 16. ed. Rio de Janeiro: Difel, 2006.

XAVIER, A. R. História e filosofia da educação: da paideia grega ao pragmatismo romano. *Revista Dialectus*, v. 3, n. 9, set./dez. 2016, p. 81-99. Disponível em: <http://www.periodicos.ufc.br/dialectus/article/viewFile/6535/4764>. Acesso em: 01 fev. 2018.

Leituras recomendadas

ABBAGNANO, N. *Dicionário de filosofia*. São Paulo: Martins Fontes, 1998.

ARENILLA, L. et al. (Org.). *Dicionário de pedagogia*. Lisboa: Piaget, 2001.

AZEVEDO, G. C. et al. *História*: volume único. São Paulo: Ática, 2005.

CABRAL, J. F. P. *A educação no período helenístico*: a paideia na época de Alexandre, o Grande. Disponível em: <https://brasilescola.uol.com.br/filosofia/a-educacao-no-periodo-helenistico-paideia-na-epoca-alexandre.htm>. Acesso em: 01 fev. 2018.

DURKHEIM, E. *A evolução pedagógica*. Porto Alegre: Artes Médicas, 1995.

FREIRE, P. *Ação cultural para a liberdade*. São Paulo: Paz e Terra, 1976.

MANACORDA, M. A. *História da educação*: da antiguidade aos nossos dias. 12. ed. São Paulo: Cortez, 2006.

A educação em Roma

Objetivos de aprendizagem

Ao final deste texto, você deve apresentar os seguintes aprendizados:

- Identificar as características da educação romana em seus diferentes tempos históricos.
- Analisar os aspectos da influência grega na educação romana.
- Reconhecer a importância da educação na organização do conhecimento e da cultura romana.

Introdução

Neste capítulo, você verá a importância da educação em Roma, a qual dava ênfase à formação moral e física (formação do guerreiro), para a constituição de direitos e deveres que contribuíram para a formação do conceito de cidadania entre os romanos. Você verá como foi possível aos romanos organizar uma educação moral e virtuosa por meio da organização de códigos de leis que, além de organizarem a vida em sociedade, contribuíram para a produção e propagação do conhecimento. Assim, considerando esses aspectos, você poderá observar como se organizaram tais processos de educação, suas particularidades e sua contribuição para as civilizações que os sucederam.

O ideal romano de educação

A educação romana por muito tempo esteve baseada na Lei das Doze Tábuas. Foi por meio dessas leis que os romanos mantiveram sua forma de conduta, seus valores e, principalmente, seu ideal de organização pela autoridade patriarcal e familiar. Melo (2006, p. 2) aponta como era tratado o conhecimento entre os romanos:

Roma privilegiou o conhecimento prático e organizador em detrimento do teórico ou especulativo. Valorizou mais o *negotium* do que o *otium*, a ética mais do que a metafísica. Assim, movido pelas necessidades práticas, o romano levou ao máximo o poder de agir. Falar, agir e mesmo pensar nada mais eram do que ação em potência: *coagitatio*.

A formação da *civis romanus* estava relacionada ao valor da família com papel central do pai e com participação da mãe, a qual exercia um papel muito importante na educação dos filhos (MELO, 2006).

A autoridade patriarcal é colocada no centro da vida familiar e pelo pai exercida com dureza. Ao pai estava destinado o papel de formar o futuro cidadão, ou seja, a ele era atribuída a responsabilidade pela formação dos filhos homens em todos os aspectos da vida — desde a moral até os estudos, as letras e a vida social. Para as mulheres, porém, a educação era voltada para a preparação de seu papel como esposas e mães, atribuindo a elas um papel familiar e educativo.

Saiba mais

Confira os principais direitos do cidadão romano:
- **Patria potestas:** direito do pai sobre os filhos.
- **Manus:** direito do marido sobre a esposa.
- **Potestas dominica:** direito do senhor sobre os escravos.
- **Manus capere:** direito de um homem livre sobre o outro dado pela lei por contrato ou por condenação judiciária.
- **Dominium:** direito sobre a propriedade.

Fonte: Lima (2011, documento on-line).

Esses direitos correspondiam a uma série de deveres, que o cidadão romano, para cumpri-los, precisava possuir algumas aptidões e virtudes (MELO, 2006, p. 3).

No perfil ético do homem ideal romano destacam-se, dentre outras, três virtudes cardeais: a *pietas* (piedade), referente aos deuses, à família e à compaixão para com os vencidos – *humanitas, magnanimitas*; a *fides* (lealdade), relativa aos pactos políticos, militares, individuais (no sentido da amizade), da palavra dada, etc.; e a *gravitas* (dignidade), que expressava o domínio de si mesmo, a capacidade para se enfrentar situações imprevistas, a serenidade na solução de problemas e na emissão de juízos.

Saiba mais

Virtudes do cidadão romano que deveriam ser desenvolvidas por meio da educação:
- piedade ou obediência, que incluía tanto a ideia religiosa de reverência quanto a noção de respeito à autoridade paterna;
- firmeza ou caráter (*constantia*), virtude muito valorizada entre os romanos;
- bravura ou coragem, para o romano nunca abandonar uma luta antes de ter vencido;
- prudência, utilizada principalmente na direção dos negócios particulares;
- honestidade, que valorizava a perfeita conduta em todas as relações econômicas;
- seriedade (*gravitas*) e sobriedade na conduta, na compostura do homem romano.

Fonte: Lima (2011, documento on-line).

Para garantir esse ideal de educação centrado no conceito de cidadania (direitos e deveres), os romanos utilizaram como principal método pedagógico a imitação de seus ancestrais.

> [...] em Roma, os costumes eram entendidos de um modo mais pragmático do que na Grécia e, antes mesmo da cultura e da formação espiritual, estavam ligados ao exemplo de virtude dos que governavam. Para os romanos, o pressuposto básico do direito e da sociedade era o cidadão justo, o qual só existiria se continuassem vigentes as leis e os costumes tradicionais (*leges et instituta maiorum*), cuja mais significativa manifestação foi o exemplo *maiorum*: o modelo daqueles que haviam se destacado pelo comportamento virtuoso nas esferas familiar, cultural e política (MELO, 2006, p. 9).

No modelo ideal de homem para os romanos, em primeiro lugar estava sempre o ancestral da família. Em segundo lugar, o da comunidade. Essa forma de pensar e de valorizar sua tradição e cultura contribuiu para a formação da identidade romana, a qual esteve presente nas formas de educação e de organização do conhecimento e da sociedade romana.

A educação romana apresentou diferentes formas de organização, e cada uma delas corresponde às necessidades do momento histórico. Sempre preocupados com as questões práticas, os romanos experimentaram desde modelos de educação familiar mais primitivos até grandes centros de estudos. À medida que a educação em Roma foi tornando-se mais densa e complexa na pesquisa e na produção de conhecimento, foi limitando-se às classes mais elevadas.

Saiba mais

A sociedade atual está regida por leis e estatutos legitimados pelo poder do Estado. Tal poder age sempre que a ordem social é **ameaçada**. Essa forma de organização do comportamento e das ações sociais reguladas pelo Estado de **Direito** pode ser atribuída à herança do povo romano, o qual tinha forte tradição com códigos de leis e estatutos. Assista ao documentário *Lei das XII Tábuas (Direito Romano)* e analise o contexto histórico em que ocorre a criação da Lei das Doze Tábuas.

https://goo.gl/6qdHVg

A herança grega na educação romana

Você já pôde identificar algumas características que contribuíram para a organização da educação e da cultura na sociedade romana ao longo dos tempos. Agora você irá analisar como se desenvolveram os ideais de educação em Roma. Melo (2006, p. 6) define um dos primeiros conceitos da educação romana.

> A palavra latina *educatio*, com a qual os romanos denominavam a educação, expressava um conteúdo semelhante ao termo grego *trophé*, evidente quando se tem em conta a origem do verbo *educo* e um de seus significados: "alimentar". *Educatio* era, pois, a "criação" física e moral que tornava a criança apta a adentrar o mundo dos adultos. A partir de um determinado momento, a palavra *educatio* passou a ser acompanhada de outros termos, *educatio et disciplina* ou *educatio puerilis*, num indicativo de que a formação humana compunha-se de duas etapas: uma no lar e outra na escola.

Essa concepção de educação do povo romano, construída ao longo dos anos, surge ao longo de um processo de dominação e ocupação territorial. Primeiramente, pode-se considerar o legado dos gregos, que possuíam uma cultura humanista e elevada no campo filosófico. Mais tarde, com a divisão do Império Romano e as invasões bárbaras, outras ondas culturais influenciaram os romanos.

Por volta de 146 a.C., os romanos conquistaram o território grego, resultando na aproximação de seus aspectos culturais. A educação romana não ficaria alheia a esse processo de transformação cultural. Melo (2006, p. 10-11) explica como os valores humanísticos, característicos dos gregos, são compreendidos pelos romanos:

Cícero, um dos responsáveis pela tradução de conceitos da cultura grega para o latim, considerou que, para expressar o conjunto da formação humana, o neologismo *humanitas* era equivalente ao termo Paidéia. Na "biografia" semântica do conceito de *humanitas* podem-se identificar várias etapas. Num primeiro momento significava clemência, sinônimo de misericórdia, mansidão e filantropia. Este significado abrangia as relações pessoais da vida jurídica e às relações militares com os vencidos. Numa segunda etapa, o termo assumiu a acepção de condição humana, num duplo sentido: como estilo ou forma de vida superior à dos bárbaros e como perfeição da natureza humana, o que implicava uma radical oposição entre o homem e o animal, entre os homens e as coisas. Com esta conotação, a *humanitas* do homem civilizado ou humanizado pela cultura, o *homo humanus*, contrapunha-se à *immanitas* dos bárbaros.

Essa nova concepção de educação entre os romanos, influenciada pela Paideia grega, fez com que a instrução familiar fosse perdendo importância, surgindo em seu lugar as escolas privadas, destinadas ao ensino da gramática e da retórica. Durante o século II a.C., essas escolas seguiam o modelo grego, já que as necessidades comerciais, políticas e jurídicas exigiam uma formação gramatical e retórica na língua grega. Apenas no século I a.C. é que foi fundada uma escola de retórica latina utilizando a língua dos romanos.

De acordo com Vieira (1984), com o passar do tempo os romanos deram uma organização sistemática a essas escolas, dividindo-as em graus e provendo manuais específicos. Quanto aos graus, as escolas eram divididas em três níveis: elementar, secundário e retórico.

Saiba mais

Níveis da escola romana:
1. **Elementar** — destinado à alfabetização primária, à leitura, à escrita e ao cálculo; era dirigido pelo *ludi magister*, o qual poderia fazer uso de punições físicas no processo de ensino.
2. **Secundário (gramática)** — destinado ao ensino de música, geometria, astronomia, oratória e literatura (predominavam as abordagens gramatical e filosófica nos textos latinos e gregos).
3. **Retórico** — eram elaborados discursos (ou *suasoria*) a respeito de problemas reais ou fictícios enfrentados pela sociedade romana.

Segundo Vieira (1984), a formação escolar romana mantinha no centro o princípio da retórica e a tradição das artes liberais, atribuindo valor à palavra.

Saiba mais

Roma foi incapaz de permanecer imune ao contágio da cultura helenística. Na constituição do Império Romano, da baía ocidental do Mediterrâneo até ao Mar Oriental, ficaram integradas diversas cidades gregas. Mas, muito antes do Império, já os etruscos tinham sido influenciados pelos gregos, de quem foram buscar o alfabeto, bem como técnicas com vistas à aprendizagem da leitura e da escrita.

A influência helênica não parou de crescer, em particular com a invasão e posterior anexação da Grécia e da Macedônia, no século II a.C., no seu território. A partir de então, alguns preceptores gregos (se não de nascimento, pelo menos de formação) passaram a apoiar a educação familiar dos jovens romanos. Na verdade, afugentados pelas agitações do Oriente, ou atraídos pela rica clientela romana, muitos gramáticos, retóricos e filósofos atenienses dirigiram-se a Roma. Serão esses os mestres responsáveis pelo ensino de jovens e adultos.

Desde muito cedo, os políticos de Roma compreenderam que o conhecimento da retórica ateniense seria fator decisivo na melhoria da eloquência dos seus discursos para as multidões. Roma, com a retórica e a formação literária que lhe serviam de base, descortinou pouco a pouco todos os aspectos encobertos da cultura grega. Desse modo, é possível dizer que o Helenismo impregnou toda a Roma, inclusive a vida religiosa, as artes e os teatros, que passaram a adotar modelos com temas e padrões helenísticos.

Fonte: Fulgêncio e Silvério (2004, documento on-line).

A importância da educação na história romana

Para perceber a importância da educação romana, é necessário observar os aspectos de sua história, levando em consideração as particularidades de cada contexto histórico. Quadros (2011, p. 5) explica a importância da investigação histórico-educacional:

> A investigação histórico-educacional apresenta-se, então, como uma produção constante de significados. De significados de e para uma História que não é a representação exata do que existiu e que só pode ser descrito parcialmente, mas que se esforça em propor uma inteligibilidade, em compreender a forma como o passado chega até o presente e informa sobre a nossa maneira de pensar e de falar.

Com base nessas informações, a educação em Roma passou por diferentes fases, as quais são descritas a seguir.

A educação primitiva (753–250 a.C.)

Nesse período, predominaram aspectos e valores familiares. O lar era praticamente a única escola. Segundo Vieira (1984), a educação dos meninos dava-se pela imitação de seus pais. Eles aprendiam a lidar com os negócios públicos e também com as questões da vida privada, e era comum participarem do Fórum e até das atividades de acampamento militar. A disciplina era severa e muito valor era atribuído a questões morais.

De acordo com Piletti e Piletti (2008), algum tempo mais tarde surgiram as **ludi-magister**, escolas elementares responsáveis por ministrar os rudimentos das artes de ler, escrever e contar. Esses ensinamentos representavam uma *diversão* comparada com a educação no lar.

As conquistas romanas levaram ao contato com outros povos, o que passou a exigir uma educação voltada para entender essas culturas. De acordo com Melo (2006), nesse período era muito importante aprender a língua grega para fortalecer o comércio e o próprio domínio político.

Larroyo (1970, p. 207–208 apud TAVARES; 2014, documento on-line) explica alguns dos fatores dessa mudança.

> Os militares, comerciantes e diplomatas necessitavam do conhecimento da língua grega para melhor desempenho de seus empreendimentos; a guerra e a política se tornaram cada vez mais complexas e difíceis; a jurisprudência foi se convertendo numa disciplina que exigia certos conhecimentos não mais suscetíveis de serem aprendidos pela audição das dissertações públicas; por fim, a arte oratória chegou a ser o meio mais eficaz para ocupar as magistraturas ou influir poderosamente na vida social. Como se pode compreender, a velha escola do *ludi-masisteja* não podia satisfazer por si mesma as novas exigências; junto dela se foi gerando um novo tipo de instituições.

A educação no Período Imperial (27 a.C.–200 d.C.)

A educação em Roma, no Período Imperial, sofreu grandes intervenções do Estado. Isso se justifica porque a máquina burocrática de administração ampliou seu quadro de funcionários e foi necessária, no mínimo, uma educação elementar formada por leitura e escrita. Neste sentido, Aranha (1996, p. 66), afirma que:

> Embora o Estado se interesse pelo desenvolvimento da educação, de início interfere de maneira muito lenta, como mero inspetor, mais ou menos distantes das atividades ainda restritas à iniciativa particular. Com o tempo oferece subvenção, depois controla por meio da legislação e por fim toma por si a inteira responsabilidade.

Com base nesse processo de domínio da educação, no século I a.C., o Estado passou a estimular a criação de escolas municipais em todo o Império. Aranha (1996) aponta que o próprio Imperador César concedera o direito de cidadania aos mestres de artes liberais. Já no século I d.C., o Imperador Vespasiano concedeu isenção de impostos aos professores, e Trajano ordenou a distribuição de alimentos às crianças estudantes pobres. Mais tarde outros governantes determinaram que o pagamento dos professores ocorresse de maneira pontual, além de terem estipulado os valores que esses deveriam receber.

Outro aspecto importante, que merece destaque na política educacional deste período, refere-se às cátedras oficiais. O primeiro imperador que colocou isto em prática foi Vespasiano; ele criou cátedras específicas a oficiais de retórica latina e grega, mantidas por fundos imperiais, apenas para a cidade de Roma, e não para todo o império (MELO, 2006).

A partir da necessidade aqui descrita para formar funcionários para o Estado, as disposições imperiais previam, além de instituições voltadas para a preparação dos altos escalões, escolas especiais destinadas à formação de escrivães (taquígrafos), cujas funções foram adquirindo maiores responsabilidades ao longo da história do Império Romano (MELO, 2006; ARANHA, 1996).

Por fim, é válido mencionar que a sobra da estrutura educativa estatal e municipal romana foi o que proporcionou a formação dos reinos bárbaros (germânicos). Isto porque os bárbaros eram apreciadores da cultura clássica, o que se concretizou no processo educacional dos seus filhos. Desse modo, chegou-se ao fim a tradição de educação laica.

A elitização e a crise da educação romana

É interessante considerar o que Melo (2006) apresenta sobre as consequências das transformações que ocorreram no sistema de educação romana. A sistematização do ensino levou a uma elitização da escola romana e, ao fim, apenas os integrantes das classes mais altas tinham acesso à educação. A partir disso, a educação romana perde sua principal característica: a instrução prática voltada a todo o povo. A elitização da educação romana, por um lado, oferece novas formas de estudar e saber e, por outro, exclui muitos das escolas, levando a uma crise de seu sistema de educação, agora desigual.

Vieira (1984) atribui a essa crise da educação romana também uma crise na manutenção e na propagação de sua cultura, possibilitando então que a Igreja Cristã ocupe os espaços de educação e propague e fortaleça seus dogmas. Assim, somados os fatores da elitização do ensino romano, da decadência do Império Romano e do processo de invasões bárbaras, gradualmente os modelos de educação romana foram sendo substituídos pelos modelos medievais.

Em suma, é possível afirmar que o papel histórico de Roma não foi o de criar uma nova civilização, mas o de implantar solidamente a cultura helenística na região do Mediterrâneo. Do ponto de vista histórico, a educação na sociedade romana continuou desprezando o trabalho manual e priorizando a educação e formação de uma elite intelectual. Assim, a educação tem por finalidade realizar o que o homem deve ser (ARANHA, 1996).

Saiba mais

O cinema pode ser um ótimo meio de produzir imaginários e, até mesmo, de poder perceber um pouco das histórias do passado. O filme *Gladiador* é uma produção americana, lançada no ano 2000, dirigida por Ridley Scott. Foi um grande sucesso de bilheteria e, apesar das questões de ficção, pode-se analisar a forma de vida e de educação em Roma durante o Período Imperial, principalmente com relação aos combates de gladiadores e à organização social e suas desigualdades. No filme, é possível ver o poder do Estado Romano, da militarização da sociedade e a luta pelo poder, que muito impactou na história de Roma.

Referências

ALEXANDRE JÚNIOR, M. Paradigmas de educação na Antiguidade Greco-Romana. *HVMANITAS*, Coimbra, v. 1, n. 47, p. 489-497, 1995. Disponível em: <https://www.uc.pt/fluc/eclassicos/publicacoes/ficheiros/humanitas4//34_Alexandre_Junior.pdf>. Acesso em: 14 jun. 2018.

ARANHA, M. L. A. *História da educação*. 2. ed. São Paulo: Moderna, 1996.

BONNER, S. *La educación en la antigua Roma*. Barcelona: Herder, 1984.

CÍCERO, M. T. *Da República*. São Paulo: Abril Cultural, 1980. (Coleção Os Pensadores).

CUNHA, L. A. Mediações na articulação trabalho – educação. *Trabalho & Educação*, Belo Horizonte, v. 10, n. 10, p. 9-23, jan./jun. 2002. Disponível em: <https://seer.ufmg.br/index.php/trabedu/article/view/7388/5740>. Acesso em: 14 jun. 2018.

FULGÊNCIO, C.; SILVÉRIO, D. *O ensino em Roma*. 2004. Trabalho realizado para a disciplina História e Filosofia da Educação, Instituto de Educação, Universidade de Lisboa, Lisboa, 2003. Disponível em: <http://www.educ.fc.ul.pt/docentes/opombo/hfe/momentos/escola/ensinoroma/index.htm>. Acesso em: 13 jun. 2018.

LEI DAS XII TÁBUAS (DIREITO ROMANO). *Divinunes* 01, 09 out. 2016. Disponível em: <https://www.youtube.com/watch?reload=9&v=oJHEeJY3JLQ>. Acesso em: 13 jun. 2018.

LIMA, F. S. *A educação romana*. 2011. Disponível em: <http://www.cafehistoriaefilosofia.com.br/2011/10/educacao-romana.html>. Acesso em: 18 jun. 2018.

MELO, J. J. P. A educação e o estado romano. *Revista Linhas*, Florianópolis, v. 7, n. 2, p. 1-19, 2006. Disponível em: <http://revistas.udesc.br/index.php/linhas/article/view/1331/1140>. Acesso em: 14 jun. 2018.

PEREIRA, M. H. R. *Estudos de História da Cultura Clássica*: cultura romana. v. 2. Lisboa: Fundação Calouste Gulbenkian, 2002.

PILETTI, C.; PILETTI, N. *Filosofia e história da educação*. São Paulo: Ática, 2008. Cap. 9. POPKEWITZ, T. S. História do currículo, regulação social e poder. In: SILVA, T. T. da (Org.). *O sujeito da educação*: estudos foucaultianos. Petrópolis: Vozes, 1994, p. 173-210.

QUADROS, C. de. Ensino e aprendizagem em História da Educação: relato de experiência com estudantes de Pedagogia. In: CONGRESSO BRASILEIRO DE HISTÓRIA DA EDUCAÇÃO, 6., 2011, Vitória. *Anais eletrônicos...* Belo Horizonte: SBHE, 2011. p. 1-16. Disponível em: <http://www.sbhe.org.br/novo/congressos/cbhe6/anais_vi_cbhe/conteudo/file/356.doc>. Acesso em: 13 jun. 2018.

TAVARES, F. M. *Os processos educacionais gregos e romanos e suas influências para formação da sociedade*. 2014. Disponível em: <https://biotavares.blogspot.com/2011/07/os-processos-educacionais-gregos-e.html>. Acesso em: 18 jun. 2018.

VIEIRA, M. R. Educação na Roma antiga. *Calíope*: presença clássica, Rio de Janeiro, v. 1, p. 103-109, jul./dez., 1984.

Educação na Idade Média

Objetivos de aprendizagem

Ao final deste texto, você deve apresentar os seguintes aprendizados:

- Definir as características do modelo educacional existente na Idade Média (os centros culturais e as primeiras Universidades).
- Apreender a importância da educação para a formação da fé católica e a organização da sociedade medieval.
- Examinar a influência de Santo Agostinho e São Tomás de Aquino na Educação.

Introdução

Neste capítulo, você vai estudar sobre o modelo educacional na Idade Média, período de mil anos correspondente entre a queda do Império Romano, no século V, e a tomada de Constantinopla pelos turcos otomanos, no século XV.

A ideia de "Idade Média" surge na visão pessimista e tendenciosa que o Renascimento criou sobre os anos de invasões e disputas territoriais. Você aprenderá que o período medieval revela uma produção cultural heterogênea, resultado das influências greco-romanas, germânicas e cristãs, além das civilizações bizantina e islâmica. Nesse período, a educação tinha uma relação estreita com a fé cristã, em que o modelo de educação era centrado na Igreja.

A educação na Idade Média: a formação da cultura, a educação religiosa e as primeiras universidades

Para definir o modelo educacional existente durante a Idade Média, é necessário observar os aspectos políticos, econômicos e sociais, assim como as transformações ocasionadas pelo fim do Império Romano e a influência dos elementos germânicos nas regiões conquistadas.

No final do século V, a parte ocidental, ocupada pelos germânicos, assume uma nova organização social, política e econômica. Inicia-se, então, o despovoamento das cidades e o processo de **ruralização** é intensificado. É quando a população, temendo as invasões, abandona as cidades em busca da proteção dos senhores de terra. No final do século X, tal processo dá origem ao Feudalismo, que se caracteriza pelo poder descentralizado dos senhores feudais, por uma economia baseada na agricultura e pela utilização do trabalho dos servos (trabalhadores livres).

A sociedade passa a apresentar a nobreza e o clero no topo da pirâmide social. O poder do rei perde força em função da divisão dos territórios, da autonomia dos senhores de terra e, mais tarde, em função do poder do papa. Nesse período, servos e nobres não sabiam ler. Os únicos letrados eram os monges, aspecto que demonstra o poder e a influência política da Igreja. Com o tempo, muitos chefes bárbaros se converteram ao cristianismo.

No Império Bizantino, dava-se ênfase à vida religiosa, na qual existia grande preocupação com as heresias. Há documentos, no entanto, que comprovam a existência do ensino primário e secundário voltado para a formação humanística e para a preparação dos funcionários que trabalhariam na administração do Estado. Já a educação islâmica criou escolas primárias para ensinar a leitura e a escrita, onde os alunos aprendiam o Alcorão, eram educados moralmente e incentivados à pesquisa e experimentação. Foi quando entrou em colapso o modelo de educação romana, que já apresentava uma crise devido à elitização do ensino e às consequências do processo de invasões dos bárbaros. Diante disso, a Igreja se organizou para ocupar o papel de formadora e detentora do saber no período medieval. Nunes (1979, p. 102) problematiza o papel de instituição formadora da Igreja:

> À medida que as escolas oficiais e a dos mestres particulares, literatores, foram desaparecendo, a Igreja tomou providências quanto à formação dos candidatos ao sacerdócio, a fim de lhes assegurar a instrução mínima necessária ao desempenho do ministério sacerdotal. O nível elementar desse ensino era representado pelas escolas paroquiais e o superior, pelas episcopais. A escola paroquial funcionava na igreja matriz da paróquia ou na casa paroquial, e a escola episcopal alojava-se na igreja catedral ou na residência do bispo.

No século VIII, com o renascimento carolíngio, movimento que defendia o restabelecimento do Império Romano do Ocidente no reinado de Carlos Magno, ocorreram mudanças importantes que passam a dar ênfase na cristianização da paideia grega. Assim, foram criadas as escolas cristãs, ao lado dos mosteiros e catedrais.

A necessidade de instruir novos cristãos fez com que os mosteiros se dedicassem à questão pedagógica. Como consequência, os funcionários leigos do Estado passaram a ser substituídos por religiosos. Os mosteiros assumiram o monopólio da ciência e se tornaram o principal espaço da cultura medieval. Neles, havia bibliotecas com obras da cultura greco-latina e lá eram traduzidos textos para o latim, em que alguns exemplares eram adaptados e reinterpretados à luz do cristianismo.

A escola (o modelo que conhecemos hoje) é um produto da Idade Média. Vários elementos influenciados por essa época e pela organização dos estudos nas escolas monásticas, catedrais e, sobretudo, universidades são vistos hoje: as práxis disciplinares (prêmios e castigos) e avaliativas; a estrutura ligada à presença de um professor que ensina a alunos de diversas procedências e que deve responder por sua atividade à Igreja ou a outro poder (local ou não); as práticas ligadas à *lectio* e aos autores, à discussão, ao exercício, ao comentário, à arguição etc. Também do mesmo período derivam alguns conteúdos culturais da escola moderna e também da contemporânea: o papel do latim; o ensino gramatical e retórico da língua, bem como a imagem da filosofia, como lógica e metafísica (NUNES, 1979).

Figura 1. Educação na Idade Média.
Fonte: Costa (2018).

Das escolas paroquiais ao ensino universitário

As primeiras escolas paroquiais remontam ao século II, quando qualquer sacerdote paroquial recebia os jovens rapazes em sua própria casa com o fim de ensinar. Com o desenvolvimento da nova religião, tais estudos passaram a ocorrer nas igrejas. O ensino era centrado nas lições das Escrituras Sagradas e seguia uma educação estritamente cristã. Havia também escolas monásticas que funcionavam em regime de internato e dedicavam-se, inicialmente, à formação de futuros monges. Mais tarde, foram criadas as chamadas escolas externas, encarregadas de formar os servidores e os filhos dos reis, os chamados leigos cultos.

O programa de ensino era voltado a aprender a ler, escrever, conhecer a bíblia, cantar e entender aritmética elementar. Com o passar do tempo, foram incluídas as disciplinas de latim, gramática, retórica e dialética.

Carlos Magno chamou o monge inglês Alcuíno e, sob sua orientação, fundou uma escola em seu próprio palácio, a **Escola Palatina**. Em 787, é decretada a organização da Escola Palatina. Em seu currículo, constavam as sete artes liberais, repartidas no *trivium* e no *quadrivium*:

- *trivium* – compunha as disciplinas formais: gramática, retórica, dialética;
- *quadrivium* – as chamadas disciplinas reais: aritmética, geometria, astronomia, música, e, mais tarde, medicina.

Das antigas escolas monásticas, surgiram as Escolas Catedrais (escolas urbanas), instituídas no século XI pelo Concílio de Roma (em 1079). A partir do século XII (Concílio de Latrão, em 1179), elas passaram a ser mantidas por benefícios para a remuneração dos mestres. A atividade intelectual absorveu lentamente elementos das culturas judaica, árabe e persa e retomou autores clássicos, como Aristóteles e Platão.

Estudos indicam que na cidade italiana de Salermo, por volta do século XI, foi criada a primeira universidade europeia. Não obstante, há registros anteriores a 1250, nos quais é relatada a criação das primeiras universidades medievais no ocidente, as "universidades espontâneas", originadas a partir de antigas escolas. As universidades de Bolonha, Paris, Oxford e de Montpellier são exemplos desse tipo de instituição.

Anos mais tarde, foram criadas as instituições chamadas de *Studium Generale*, locais onde se reuniam mestres e discípulos para dedicação ao ensino superior de uma área do conhecimento (como medicina, direito, teologia), orientadas pelo papa ou pelo poder real. Com a efervescência cultural e urbana da Baixa Idade Média, essas instituições passaram a fazer referência ao estudo universal do saber, ao conjunto das ciências. Dessa forma, *Studium Generale* foi substituído por *universitas* (estudos universais) (MONGELLI, 1999).

Fique atento

Ao contrário da Igreja cristã ocidental, que impunha restrições à educação, a **educação islâmica** demonstrava interesse pela pesquisa e experimentação. É o que explica como os árabes se destacaram nas áreas de matemática, medicina, geografia, astronomia e cartografia.

A educação pela fé: o papel da Igreja na organização social do conhecimento

A Idade média é conhecida historicamente como "Idade das Trevas". Esse apelido pejorativo foi atribuído pelos estudiosos renascentistas, ao acreditarem que as invasões bárbaras, a fragmentação territorial do império romano e, principalmente, a preocupação com a guerra ocasionaram prejuízos à formação e à organização do conhecimento.

No entanto, é necessário assinalar que foi justamente durante a Idade Média que floresceram saberes, técnicas e visões de mundo capazes de possibilitar grandes transformações políticas, econômicas, sociais e culturais no período posterior (Idade Moderna). Um exemplo incontestável foi o processo das grandes navegações, em que foram utilizados conhecimentos de cartografia, de cálculo e de visões de mundo concebidas nas universidades do período medieval.

Não é possível compreender esse processo sem considerar o aspecto fundamental da educação na formação do conhecimento e da organização da sociedade, na produção de ideias e visões de mundo, bem como sua estreita relação institucional, aspectos discutidos por Nunes (1979, p. 1).

> O termo educação abrange tanto a certo tipo de atividade desenvolvida pela geração adulta com relação às crianças e aos jovens e cristalizada em instituições, quanto às ideias ou concepções expendidas a respeito da formação humana. Ao se estabelecerem esses dois significados de educação, balizam-se as fronteiras entre as quais vai decorrer o estudo da pedagogia, o exame das instituições e das atividades educacionais e das ideias ou concepções pedagógicas.

O papel institucional do conceito de educação desenvolvido por Nunes (1979) remete à ideia de poder político e cultural desempenhado pela igreja cristã na Idade Média. A Igreja estava preocupada em propagar seus princípios de ordem e de modelo social. Dessa forma, aliada aos reis e à nobreza, a Igreja criou sistemas de ensino e de formação.

Grande parte dos estudantes da Idade Média vinha da nobreza, uma vez que somente os nobres possuíam recursos financeiros para manter os filhos nas escolas. Os nobres também podiam escolher quais filhos iriam para a área militar (formação de cavaleiros), para a formação técnica (escolas formais) ou formação religiosa (escolas monásticas), enquanto os camponeses e seus filhos não tinham qualquer acesso à educação escolar, visto que sem recursos financeiros e presos às obrigações servis, eles não aprendiam a ler nem escrever por toda a vida.

A Igreja, como instituição formadora, atendia aos objetivos da classe dominante, como também utilizava tal formação para propagar sua fé disciplinadora. Embora apenas os nobres frequentassem as escolas formais, a Igreja tratou de criar obras de arte que buscassem ilustrar aos analfabetos os princípios e fundamentos da fé cristã.

As pinturas dos templos e igrejas retratavam as passagens das sagradas escrituras. Para isso, as ideias de punição e salvação eram exaltadas com cores fortes. A educação cristã não era um ato desinteressado; era, na verdade, uma ação que visava à legitimação do poder da nobreza e do clero sobre os camponeses e servos.

Nos séculos XIV e XV (final da Idade Média), com o surgimento da burguesia, as escolas e universidades passaram a ter muitos estudantes oriundos dessa nova camada social. Os filhos dos burgueses iam para escolas e universidades que davam formação mais ampla ou técnica. Os burgueses procuravam formar seus filhos em áreas como medicina, artes, direito, filosofia e arquitetura. Também direcionavam os estudos dos filhos para o prosseguimento do negócio da família nas áreas de comércio ou finanças.

Com o processo de intensificação do comércio e das navegações marítimas, as fronteiras do mundo foram ampliadas e o poder da Igreja também se expandiu. Aliada dos nobres na conquista e dominação do "novo mundo", a Igreja tratou de fundamentar sua soberania por meio da fé, com a catequização dos nativos das regiões ocupadas. As missões jesuíticas no Brasil durante o período colonial são um exemplo concreto da dominação da fé cristã.

> **Saiba mais**
>
> A Companhia de Jesus foi fundada em pleno desenrolar do movimento de reação da Igreja Católica contra a reforma protestante, o que pode ser considerado um dos principais instrumentos da Contra-reforma nessa luta. Seu objetivo era tentar conter o grande avanço protestante da época. Para isso, duas estratégias foram utilizadas: a educação dos homens e dos índios e a ação missionária, que procurava converter à fé católica os povos das regiões que estavam sendo colonizadas.

O esforço da educação em harmonizar a fé e a razão

A Idade Média foi um período de lutas de diferentes povos e de invasões de territórios. Consequentemente, essas disputas se estendiam ao campo ideológico e religioso, além de que o contato de diversas culturas exigiu da igreja cristã um esforço em propagar a fé. Para vencer os pagãos e aumentar as conversões à fé cristã, era preciso mostrar que a fé não contrariava a razão. Mesmo considerando a fé a mais importante, a razão também deveria ser vista como um instrumento do pensar. Assim, surgiu a filosofia cristã, cujos períodos foram chamados de Patrística e Escolástica.

Patrística e a formação medieval

A patrística e a formação medieval iniciaram no período de decadência do Império Romano, no século III. Foram assim chamadas por abordarem a filosofia dos trabalhos dos padres da Igreja. Representam a retomada da filosofia platônica fundamentada na necessidade da criação de uma rigorosa ética moral e do controle racional das paixões, bem como na predileção pelo suprassensível.

A essência da patrística é a relação entre a fé, a ciência e a razão. Buscava expor a doutrina religiosa conduzida pela doutrina da Igreja e enfatizava, ainda, a importância da moral, assim como a relação da natureza de Deus e da alma. Seus principais representantes foram Clemente de Alexandria, Orígenes e Tertuliano. Contudo, seu principal destaque foi Santo Agostinho (entre os anos 354-430), conhecido como bispo de Hipona. Santo Agostinho defendia a ideia de que a fé e a razão não sobrevivem uma sem à outra, dado que até esse momento, o mundo era dividido entre a razão (filosofia) e a fé (Igreja).

Depois de se converter ao cristianismo e aceitar o batismo (em 387), Santo Agostinho desenvolveu uma abordagem original à filosofia e teologia: uma grande variedade de métodos e perspectivas eram acomodados de uma maneira até então desconhecida, pois ele ajudou, ainda, a formular a doutrina do pecado original e do conceito da liberdade humana. Santo Agostinho também acreditava que só o bem existe e, portanto, cria na inexistência do mal. Alegoricamente, a diferença entre a luz e a escuridão representam essa ideia: para Santo Agostinho, a escuridão não existe; o que existe é a falta de luz, que representaria a escuridão. Da mesma forma, o mal é constituído pela falta do bem e não por uma existência do mal. Com essa afirmação, é possível compreender que uma pessoa não é maligna por possuir algum mal, mas por não possuir o bem. Muitos preceitos da patrística foram herdados pela escolástica e serviram para manter a hegemonia e o poder da fé cristã no mundo.

Escolástica e o saber escolar

O nome "Escolástica" significa "saber da escola". Seus parâmetros são fundamentados no ser humano como criatura divina, que está de passagem pela Terra e deve se concentrar na salvação da alma e na vida eterna. Como o desenvolvimento da ciência provocou contradições entre fé e razão, a escolástica seguia o princípio de autoridade, que necessitava de humildade para consultar os grandes sábios e intérpretes, autorizados pela Igreja, a respeito da leitura dos clássicos e dos textos sagrados. O filósofo de maior destaque desse período, que promoveu a transição real do platonismo para uma forma mais sofisticada de filosofia, foi São Tomás de Aquino. Destacam-se, ainda, Occam, Scoto e Erígena.

O método escolástico consistia na leitura crítica de obras e de estudo minucioso do seu pensamento e influência. Outros documentos relacionados também eram comparados a documentos da Igreja e a análises de estudiosos.

Desse estudo, originavam-se as *sententiae* (curtas sentenças), em que eram apresentadas divergências de temas tratados na obra estudada. As *setentiae* engendrariam os dois lados da argumentação, a fim de encontrar uma síntese livre de contradições acerca do pensamento do autor ou do tema discutido. Durante o estudo, análise filológica e lógica formal eram utilizadas no uso de palavras ambíguas, o que poderia resolver imediatamente questões de discordância. Uma vez compreendida a ideia, passava-se à análise por meio da lógica formal, ao explorar a argumentação em busca das conexões e conclusões e, assim, verificar a consistência dos argumentos. Consequentemente, contradições poderiam ser percebidas como um olhar subjetivo do leitor, mas não presentes no texto em si. Quando reconhecida a contradição de fato, a posição seria finalmente rejeitada. Esse método expressa o esforço da Igreja em legitimar o conhecimento cientifico através da doutrina cristã. Ao ocupar os espaços escolares e orientar a formação do pensamento, a Igreja estaria garantindo seu poder e doutrina de ordem e vida moral.

Após o período de São Tomás de Aquino, a escolástica (como instituição escolar) entrou em declínio e se manteve apenas como campo de estudos. Foi explorada por pensadores contemporâneos como David Oderberg, Giovanni Ventimiglia e Peter King.

Exemplo

O papel da Igreja na formação educacional pode ser exemplificado pela presença dos jesuítas no Estado do Rio Grande do Sul do século XVII. As reduções jesuíticas não eram aldeias, mas verdadeiras cidades instaladas nas selvas, com infraestrutura completa. Além da igreja, o centro de tudo, havia hospital, asilo, escolas, oficinas, pequenas indústrias, além de comida em abundância e casa para todos. Diversos instrumentos musicais eram tão bem fabricados quanto na Europa. Livros eram impressos em plena selva, inclusive exemplares em alemão.

Referências

COSTA, R. *A educação na Idade Média*. A busca da sabedoria como caminho para a felicidade: al-Farabi e Ramon Llull. Disponível em: <http://www.ricardocosta.com/artigo/educacao-na-idade-media-busca-da-sabedoria-como-caminho-para-felicidade-al-farabi-e-ramon>. Acesso em: 11 fev. 2018.

MONGELLI, L. M. *Trivium e Quadrivium* - as artes liberais na Idade Média. São Paulo: Íbis, 1999.

NUNES, R. A. C. *História da educação na Idade Média*. São Paulo: EPU, 1979. Disponível em: <https://archive.org/stream/RuyAfonsoDaCostaNunesHistriaDaEducaaoNaIdadeMedia>. Acesso em: 16 mar. 2018.

Leituras recomendadas

ARANHA, M. L. A. *História da educação*. São Paulo: Moderna, 1993.

ARANHA, M. L. A.; MARTINS, M. H. P. *Filosofando*: introdução à filosofia. São Paulo: Moderna, 1986. p.132-138.

CAMBI, F. *História da pedagogia*. São Paulo: Unesp, 1999.

COSTA, R. *Reordenando o conhecimento*: a educação na Idade Média e o conceito de ciência expresso na obra Doutrina para Crianças (c. 1274-1276) de Ramon Llull. In: COSTA, R. Ensaios de história medieval. Rio de Janeiro: Sétimo Selo, 2009. Disponível em: <http://www.ricardocosta.com/sites/default/files/livros/pdf/livro_ricardo_da_costa.pdf>. Acesso em: 16 mar. 2018.

FONTANA, H. A. *Fundamentos históricos, filosóficos e sociológicos da Educação I*. EAD, Curso de Educação Especial, UFSM, 2005.

GILES, T. R. *História da educação*. São Paulo: EPU, 1987.

MONROE, P. *História da educação*. São Paulo: Nacional, 1979.

NUNES, R. A. C. *Gênese, significado e ensino da filosofia no século XII*. São Paulo: Edusp, 1974.

PILETTI, C.; PILETTI, N. *Filosofia e história da educação*. 5. ed. São Paulo: Ática, 2007.

RIBEIRO, L. T. F. et al. In: VASCONCELOS JÚNIOR, R. E. P. et al. (Orgs.). *Cultura, educação, espaço e tempo*. Fortaleza: UFC, 2011.

A educação na Idade Moderna

Objetivos de aprendizagem

Ao final deste texto, você deve apresentar os seguintes aprendizados:

- Identificar as características do pensamento moderno e suas implicações na pedagogia
- Analisar a contribuição da Reforma Protestante para a educação.
- Reconhecer a importância da educação humanista de Montaigne.

Introdução

Neste capítulo, você estudará a educação na Idade Moderna, período compreendido entre os séculos XV e XVIII, quando surgiu o Renascimento (nome recebido por significar a retomada dos valores greco-romanos). A Idade Moderna desencadeou o movimento conhecido como Humanismo, caracterizado pela procura da construção de pensamento e cultura voltados aos valores do antropocentrismo em oposição aos valores teocêntricos, característicos do período medieval.

Você também poderá identificar as características do pensamento moderno e suas implicações na educação, ao analisar os aspectos da Reforma Protestante em oposição aos dogmas da Igreja Católica e reconhecer a importância do pensamento humanista para a educação, a produção do conhecimento e o desenvolvimento da ciência.

Por fim, você compreenderá as bases da formação do pensamento moderno e observará suas implicações na educação, na organização do conhecimento e na produção cultural desse período. Para isso, é necessário empreender uma abordagem a respeito do contexto histórico em que ocorreram essas mudanças de pensamento, suas motivações e, principalmente, suas consequências para a organização da sociedade e do conhecimento.

As características do pensamento moderno e suas implicações na pedagogia

A idade moderna é caracterizada pelo desenvolvimento de uma forma de pensamento que prioriza o aspecto racional e científico, apoiado numa visão de mundo pautada pelo antropocentrismo (em que o ser humano é considerado o centro do pensamento, do universo e da sociedade). Nesse sentido, o olhar humano passou a ser centrado na terra e não mais no céu. Além disso, aspectos da cultura greco-romana foram retomados. Em todas as áreas, planos e espaços, uma nova imagem de mundo desponta: na pintura, arquitetura, escultura, na literatura, música, política, sociedade. É nesse período que a educação se torna um fator importante para a propagação do pensamento moderno e da secularização do saber. Assim, essa nova forma de ver e pensar o mundo está associada às transformações econômicas e sociais que tiveram início no final da Idade Média e se estenderam nos séculos seguintes. Nesse contexto, destacam-se as seguintes transformações: desenvolvimento das atividades comerciais burguesas, revolução comercial do século XVI, consolidação dos Estados Nacionais e fortalecimento das monarquias absolutistas. Ainda nesse período, as grandes navegações motivaram a conquista e a dominação de novos territórios, como América Central e América do Sul.

Antes de avançar, é fundamental questionar: quais foram as transformações no campo intelectual? E quanto à educação? De que forma a educação e a pedagogia foram marcadas nesse período? Quanto ao contexto, na historiografia, é comum demarcar o início do pensamento moderno com o chamado Renascimento Cultural e Científico, iniciado em Florença (Itália) e caracterizado pelo retorno aos valores da Antiguidade Clássica (Grécia e Roma) em detrimento ao pensamento medieval. O progresso intelectual dos séculos XVII e XVIII floresceu devido a fatores decorrentes dos movimentos econômicos e culturais da sociedade europeia desde o fim da Idade Média e buscava superar as contradições do pensamento religioso medieval e legitimar um saber secularizado. O Renascimento foi uma visão de mundo estimulada pela ascensão da burguesia, pela intensificação do comércio e pelo desenvolvimento do racionalismo e do individualismo. Nessa conjuntura, um grupo de humanistas teve destaque: cristãos que buscaram se desprender dos valores religiosos e se desligar do ensino tradicional nas universidades. Em pouco tempo, esse termo passou a ser aplicado a todos aqueles que se dedicavam à crítica da cultura tradicional e à elaboração de um novo código de comportamentos e valores centrado no indivíduo e sua capacidade realizadora, quer fossem professores ou estudantes, clérigos ou cientistas, poetas ou artistas plásticos (SEVCENKO, 1988). Nesse período, a educação se organizou a partir de bases naturais não religiosas, interessada na difusão dos valores burgueses e na legitimação do Capitalismo na qualidade de modo e produção. A educação se converteu, então, em fonte de preocupação e até sinônimo de poder e status, ao se tornar uma exigência diante da nova concepção de ser humano. No entanto, não houve preocupação com a expansão de escolas populares, uma vez que os nobres e os burgueses é que desejavam ser educados. Surgiram, então, os primeiros colégios aliados a uma nova imagem da criança, da infância e da família: foram os primeiros esboços de uma reflexão pedagógica (ARANHA, 1990). Assim, os mais ricos permaneciam sendo educados por seus preceptores em seus castelos. A pequena nobreza e a burguesia passaram a encaminhar seus filhos para às escolas com o intuito de serem melhor preparados para a política e os negócios. É importante ressaltar que ordens religiosas mantinham a administração da maioria dessas escolas. Porém, algumas escolas humanistas foram criadas como resposta à iniciativa de alguns leigos.

Os ideais de individualidade e de liberdade presentes nos valores burgueses influenciaram não só o pensamento, mas também representaram inúmeras transformações culturais repercutidas na arquitetura, na escultura, na literatura e principalmente na pintura, tanto no campo das artes quanto no campo da ciência. Tais artes buscavam retratar, com realismo, as diferentes formas humanas. Um dos exemplos mais famosos do Renascimento é a pintura *Monalisa*, de Leonardo da Vinci, exposta atualmente no museu do Louvre, em Paris (SEVCENKO, 1988). Antes utilizadas apenas para decorar paredes, as esculturas também ganharam independência artística no Renascimento: elas poderiam ser apreciadas em todos os seus ângulos. O equilíbrio das expressões corporais, a proporcionalidade dos traços e as expressões faciais demonstram o quanto o tema humano era valorizado. Leonardo da Vinci também contribuiu para o cenário científico do Renascimento. Seus projetos demonstram a capacidade intelectual dos estudiosos da época, incentivados pelo novo modelo cultural que surgia. Da Vinci foi o primeiro a idealizar vários objetos, dentre eles o paraquedas, o aparelho de mergulho, a asa-delta e os aparelhos de escavação. Outra importante e conhecida obra de Da Vinci é o desenho do "Homem Vitruviano" (Figura 1), baseado em uma famosa passagem do arquiteto romano Vitrúvio na sua série de 10 livros intitulados *De Architectura*, em que ele descreve as proporções do corpo humano masculino (SANTIAGO, 2018).

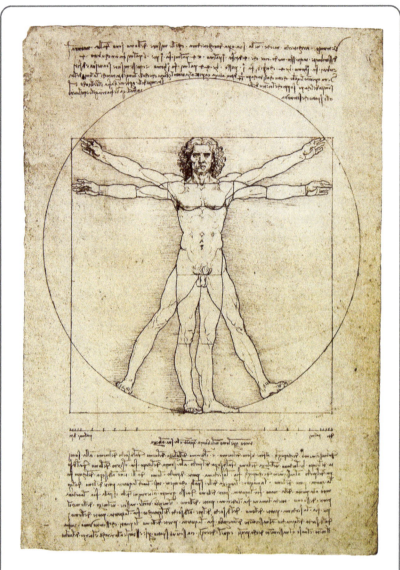

Figura 1. O Homem Vitruviano, de Leonardo da Vinci, é um famoso desenho que acompanhava as notas feitas pelo artista por volta do ano 1490 em um dos seus diários. A imagem mostra uma figura masculina nua em duas posições sobrepostas com os braços inscritos em um círculo e em um quadrado. A cabeça é calculada na proporção de um oitavo da altura total. Comumente, o desenho e o texto também são chamados de Cânone das Proporções.
Fonte: Jakub Krechowicz/Shutterstock.com.

Já no campo da ciência, a principal mudança foi em relação à teoria geocêntrica, elaborada na Antiguidade e defendida pela Igreja Católica. A teoria defende que a terra estaria imóvel no universo, e os outros corpos celestes, inclusive o sol, é que giravam em torno dela. Nicolau Copérnico, matemático e astrônomo, foi o primeiro a questionar essa máxima e propor a Teoria do Heliocentrismo: estabelece que o sol é o centro imóvel e a Terra gira em torno dele. Os princípios de matemática e geometria também eram utilizados nas pinturas, ao proporcionar às obras efeito de profundidade e perspectiva. O uso de tons claros e escuros favorecia essa técnica e ajudavam a dar o volume dos corpos em relação aos objetivos vistos à distância.

Em suma, conforme aponta Aranha (1990), a produção intelectual do Renascimento demonstrou grande interesse em superar as contradições entre o pensamento religioso medieval e o anseio de secularização da burguesia. Nesse contexto, a educação assumiu bases naturais e não religiosas, a fim de se tornar um instrumento adequado à difusão dos valores da burguesia. Nem sempre alcançado nas escolas, esse pensamento foi intensificado na obra de vários filósofos e pedagogos. Não há propriamente uma filosofia da educação como sistema de pensamento coerente e organizado; há esboços de uma teoria da educação e fragmentos de uma reflexão pedagógica como parte de uma produção filosófica mais ampla.

Fique atento

No Brasil, a chegada dos jesuítas e de seu método de ensino voltado à catequização dos índios ocorreu nesse período. A educação assumiu um caráter colonizador, ao mesmo tempo em que atuava junto aos nativos por meio dos jesuítas, responsáveis pela fundação das primeiras instituições de ensino do Brasil Colonial. Os principais centros de exploração colonial contavam com colégios administrados dentro da colônia. Dessa forma, todo acesso ao conhecimento laico da época era controlado pela Igreja. A ação da Igreja na educação foi de grande importância para compreensão dos traços da nossa cultura: houve grande respaldo às escolas comandadas por denominações religiosas. Com isso, firmou-se a predominância da fé católica no Brasil (ARANHA, 1990).

As contribuições da Reforma Protestante para a educação

O século XVI foi marcado por diversas transformações na sociedade e no pensamento humano. A intensificação do comércio, a ascensão da burguesia e a expansão colonialista são exemplos dessas transformações frequentemente citadas nos livros de história. Outra mudança nesse período está relacionada à formação do pensamento moderno e sua crítica às "verdades incontestáveis" proclamadas pela Igreja católica. Um acontecimento que mudou a história do pensamento ocidental ocorreu no ano de 1517, a chamada "Reforma Protestante", quando o monge católico Martinho Lutero, que se tornou o protagonista dessa reforma, afixou suas 95 teses na porta da catedral de Wittenberg, na Alemanha. Sua intenção seria apontar as falhas e contradições na Igreja Católica. O objetivo principal das teses de Lutero era fomentar a reforma do catolicismo: no texto, uma série de atividades papais era questionada: dentre elas, a venda de indulgências pela Igreja Católica. No que se refere à educação, o movimento protestante estava diretamente ligado à educação: dentre os princípios da Reforma, estava a obrigação à leitura, bem como compreensão e interpretação da Bíblia. Foi fundamental para o protestantismo oferecer instrução às pessoas, uma vez que todos, sem distinção e discriminação, deveriam ler as Sagradas Escrituras, a fim de buscarem a Deus no texto sagrado, surgiu a necessidade de uma educação geral e mais abrangente.

Saiba mais

Lutero não atingiu somente a Igreja Católica com suas críticas. Uma de suas observações era relacionada ao pouco tempo de atenção dos pais para a educação dos filhos. Nesse contexto, as escolas aliadas ao poder econômico da classe burguesa surgiram como possibilidade de oferecer a educação necessária aos jovens. Essa crítica apropriada de Lutero exerceu influência na organização da educação e produziu ampla reestruturação no sistema de ensino alemão, ao inaugurar um modelo de escola moderna composta por três ciclos de ensino (fundamental, médio e superior). Habermas (1990), na obra *O discurso filosófico da modernidade*, descreve alguns dos processos que se inter-relacionam e interferem na nova concepção de mundo e de educação desse período.

> O conceito de modernização se refere a um feixe de processos cumulativos que se reforçam mutuamente: à formação de capital e mobilização de recursos; ao desenvolvimento das forças produtivas e ao aumento da produtividade do trabalho; ao estabelecimento de poderes políticos centralizados e à formação de identidades nacionais; à expansão de direitos de participação política de formas urbanas de vida e de formação escolar formal; refere-se à secularização de valores e normas (HABERMAS, 1990, p. 14).

Segundo a doutrina protestante, o ato de educar se tornou um dever sagrado e necessário à vida religiosa e o convívio em sociedade. Russo (2012) descreve a concepção de educação presente nos escritos de Lutero:

> Para Lutero, a educação é tarefa igualmente secular e religiosa. Sendo assim, educar é um dever dos pais e uma responsabilidade do Estado. Aos primeiros, cabe à educação moral dos filhos, dando-lhes a oportunidade de adquirir um bem maior, qual seja, a salvação. Negligenciar esse dever seria incorrer em pecado. Ao Estado, cabe a educação formal, mediante a instauração, sustentação e o controle da escola pública, gratuita e obrigatória para todos (RUSSO, 2012, p. 30).

Assim, pais e autoridades eram chamados à responsabilidade de atender ao desejo divino de proporcionar uma educação moral aos jovens. Durante a Reforma Protestante, a Bíblia se tornou o livro mais lido na Europa. Os exercícios de leitura e interpretação do texto sagrado influenciaram o desenvolvimento de outros estudos e o crescimento de outras áreas do conhecimento. Por sua vez, a Igreja Católica, frente às críticas apresentadas pela Reforma Protestante, se ocupou de organizar um movimento de reação, chamado de Reação Católica ou Contrarreforma. Primeiramente, a estratégia da Igreja foi punir os responsáveis pelo movimento da Reforma Protestante. No entanto, a crescente aceitação do Luteranismo pela Europa impediu o êxito dessa estratégia e, dessa forma, o avanço do protestantismo na Europa foi reconhecido. Com isso, o movimento de reforma do alto clero se ampliou, e estratégias foram colocadas em prática com vistas à reformulação da estrutura administrativa da Igreja Católica e, principalmente, à contenção do avanço do protestantismo. Dentre as estratégias de reação da Igreja Católica, destacam-se a criação da "Companhia de Jesus" ou ordem dos Jesuítas, em 1540, e a convocação do "Concílio de Trento", em 1545, ambos sob a administração do Papa Paulo III.

A Companhia de Jesus foi fundada, em 1534, pelo militar espanhol Inácio de Loyola, que baseou toda a estrutura da companhia no modelo militar. Os jesuítas eram considerados os "soldados de Jesus" e pretendiam combater as críticas protestantes com as "armas do espírito". As principais "armas" dos jesuítas foram a catequização e a criação de escolas religiosas (ARANHA, 1990). No ano seguinte, a convocação do Concílio de Trento reuniu diversos estudiosos religiosos na cidade italiana de Trento, a fim de garantir a unidade da fé católica. No entanto, somente em 1563, o Concílio apresentou seu conjunto de medidas para unir a fé católica e manter a disciplina eclesiástica. No documento apresentado pelo concílio, diversos dogmas da doutrina católica foram reafirmados. Destacam-se:

- A salvação humana dependeria da fé e das boas obras, a doutrina da predestinação era negada.
- A Bíblia era a fonte da fé, e cabia à Igreja oferecer a interpretação correta, segundo a tradição religiosa.
- A elaboração de um catecismo com os pontos fundamentais da doutrina católica foi firmada, bem como a criação de seminários para a formação dos sacerdotes e a manutenção do celibato sacerdotal.
- O restabelecimento da Inquisição, que se encarregou, por exemplo, de organizar uma lista de livros proibidos aos católicos, o *Index librorum prohibitorum*.

Perceptivelmente, o desencadeamento da Reforma Protestante influenciou e causou uma série de mudanças na Igreja Católica, que atingiram todos os setores da sociedade. Manacorda (2001) menciona que os movimentos populares influenciados pela Reforma Protestante promoveram a revolucionária difusão da instrução, a fim de que cada um pudesse ler e interpretar pessoalmente a bíblia, sem mediações do clero.

Saiba mais

O pensamento educativo de Calvino está baseado em sua teologia, ao explicitar que a razão de ser do homem é conhecer a Deus. Ele não elaborou um texto específico a respeito de educação, mas essa ideia está disseminada em sua obra. Já na apresentação da obra *Instituição da Religião Cristã* (1559), o reformador aponta que seu intento é preparar e instruir os que queiram se aplicar ao estudo da teologia, estudar as Escrituras Sagradas e entendê-las de modo aprofundado. Dessa forma, é possível afirmar que sua obra introduz um anunciado pedagógico.

A filosofia de Montaigne e a educação

O contexto social em que viveu o pensador humanista Michael de Montaigne é caracterizado pela transição social entre a decadência do Feudalismo e as raízes do Capitalismo, momento profundamente marcado por transformações sociais, religiosas, políticas e econômicas, fruto da "queda" do Feudalismo e da ascensão comercial, bem como da Reforma Protestante e do aumento da participação do Estado na economia. A educação é um dos temas mais instigantes para os humanistas do Renascimento. Montaigne, afinado com o universo cultural de seu tempo, não deixou de expor suas reflexões acerca da educação. Apresentou fortes críticas às propostas pedagógicas de seu tempo, ao caracterizá-las como exageradamente escolares e livrescas. De acordo com a filosofia de Montaigne, os pensamentos e atitudes do homem estão submetidos ao tempo, que pode se transformar. Para chegar a esta conclusão, é necessário compreender três etapas progressivas do pensador:

1. A primeira fase é do **estoicismo**. Nessa fase, o filósofo adotou a pretensão estoica de alcançar a verdade absoluta. No entanto, seu espírito convivia com a dúvida. Por essa razão, a experiência estoica marcou, para sempre, a ruptura de Montaigne com qualquer ideia de verdade absoluta.
2. A segunda fase é do **ceticismo**. Como consequência da primeira fase, também em razão do ambiente de violência, guerra e da França dividida por conflitos intelectuais entre católicos e protestantes, Montaigne foi seduzido pelos filósofos do ceticismo. No que se refere à Filosofia do Ceticismo, se o homem não sabe nada a respeito de si mesmo, logo não poderá saber sobre o mundo nem sobre Deus e sua vontade. A dúvida é, para Montaigne, uma arma contra o fanatismo religioso.
3. Na terceira, Montaigne se interessou mais por **si mesmo** do que pelo pensamento de outros filósofos. Nesse sentido, o único conhecimento meritório é aquele alcançado por meio de suas próprias reflexões. Seu ceticismo ativo foi, então, uma tentativa de crítica radical dos costumes, dos saberes e das instituições da época. Com isso, a contribuição de Montaigne foi fundamental à constituição do pensamento moderno (CABRAL, c2018, documento on-line).

Os *Ensaios*, obra profundamente pessoal e pioneira do gênero do ensaio (MONTAIGNE, 2002), tratam de uma numerosa variedade de temas: da vaidade, da liberdade de consciência, dos coxos etc. E, justamente por serem ensaios, os textos não têm uma unidade aparente. A escrita mostra que o filósofo deixou seu pensamento fluir livremente e ganhar forma no papel, ao vagar de ideia em ideia, de associação a associação. Não escrevia para agradar os leitores, nem escrevia de modo técnico ou com vistas à instrução. Adotou o princípio grego "Conhece-te a ti mesmo". Portanto, segundo ele, a escrita é um meio de chegar a esse conhecimento de si. Montaigne também foi um revolucionário no tema da educação. Para ele, o ensino deveria estar atrelado ao empirismo, ou seja, por meio de experiências práticas. Criticou o esquema de memorização e o mero uso dos livros, baseado na cultura livresca do Renascimento. Nessa cultura livresca, os estudantes não vivenciariam a prática de solucionar temas de suma importância, os quais estavam ligados com o desenvolvimento humano e a moral. Além disso, não aprenderiam de forma rápida (ARANHA, 1990). Para o pensador, a educação deveria criar seres humanos voltados à investigação e conclusões, enquanto exercitavam a mente, o que resultaria em um posicionamento crítico do indivíduo. Batista (2014) expõe o quanto a educação preconizada por Montaigne exalta as questões da virtude humana:

> A educação nos moldes céticos e estoicos, preconizada por Montaigne, consiste em duvidar que a educação, por si mesma, resolva os mais profundos desafios existenciais humanos; em contrapartida, sua proposta educacional não hesita em defender a virtude, porquanto é indispensável para o aprimoramento do próprio ser humano. Ademais, por ela, instaurar-se-á a liberdade humana, posto que um indivíduo virtuoso não terá sua mente subserviente a preconceitos, erros, superstições e coisas do gênero (BATISTA, 2014, p. 506).

Segundo Aranha (1990), a finalidade da educação, em Montaigne, reside na preparação de um espírito ágil e crítico, valores considerados por ele fundamentais na formação do homem gentil e burguês da Idade Moderna. Batista (2014) comenta ainda que, para Montaigne, a educação é um objeto, passível de mudanças e desconfianças e em constante revisão. De revisão, porque deve ser sempre repensada e revista, seja em seus princípios, seja em seus fins ou seus métodos. E de desconfiança, por deter um objeto cujos efeitos podem danosos em vez de proveitosos. Por sua vez, para Antunes (2012), Montaigne propõe que a criança seja orientada para a arte do bem viver aponta a partir de uma boa educação. A autora ainda postula:

> É esta, para Montaigne, a grande tarefa da educação, que se confunde com a tarefa da própria vida: aprender a arte de bem viver e se tornar uma pessoa melhor. Seria essa tarefa apenas um sonho renascentista e humanista de Montaigne? (ANTUNES, 2012, p. 57).

Antunes (2012) comenta que Montaigne acredita na força da educação em esculpir e formar o espírito humano, desde que procuremos nos orientar pela natureza. É aqui que reside uma das grandes tarefas da educação, na visão do Montaigne: para ele, a mentalidade e a conduta do homem são frutos da educação. Por isso, o ser humano não nasce pronto, mas segue se formando ao longo da vida. Segundo o próprio Montaigne (2002), é por meio da educação que uma criança será bem formada, sensata, forte fisicamente, que pensa por si mesma e que anseia conhecimento e bem viver. Para tanto, é fundamental o apoio dos pais e dos preceptores. E para isso, Montaigne recomendava a contratação de um bom preceptor do qual dependerá toda a formação e condução da criança. Nessa época, era uma prática comum de nobres e burgueses a contratação desses profissionais, responsáveis pelo desenvolvimento da educação de seus filhos.

Em suma, conclui-se que a educação, na visão de Montaigne, era a boa formação do pensamento, que tornaria a criança um ser melhor, e não um mero erudito. A instrução, também de forma prática, deveria educar para a vida, assim como entender o sentido e a substância das lições. A criança aprenderia, então, a expor de inúmeras maneiras o que aprendeu, uma vez que somente assim seu aprendizado será visível efetivamente. Além disso, o filósofo postulava que seria preciso dar à criança liberdade de julgamento para que ela se tornasse vigorosa nessa habilidade, e para que não se submetesse a nenhum dogmatismo, ao conhecer a multiplicidade de opiniões. Logo, tal conhecimento faria a pessoa "[...] passar tudo pelo crivo e nada alojar em sua cabeça por simples autoridade e confiança" (MONTAIGNE, 2002, apud ANTUNES, 2012, p. 64).

Referências

ANTUNES, D. *Da educação das crianças em Montaigne – uma ideia de formação humana*. 99 f. Dissertação (Mestrado em Educação) - Universidade Federal de Santa Catarina, Florianópolis, SC, 2012. Disponível em: <https://repositorio.ufsc.br/xmlui/bitstream/handle/123456789/100828/312752.pdf;jsessionid=F02C7F9295440856BF33D67BB79B2F8B?sequence=1>. Acesso em: 15 jun. 2018.

ARANHA, M. L. A. *História da educação*. São Paulo: Moderna, 1990.

BATISTA, G. A. Montaigne: a fundamentação da educação nos moldes céticos e estoicos. *Revista Brasileira de Estudos Pedagógicos* (on-line), v. 95, n. 241, p. 497-507, set./dez. 2014. Disponível em: <http://www.scielo.br/pdf/rbeped/v95n241/03.pdf>. Acesso em: 15 jun. 2018.

CABRAL, J. F. P. *As ideias de Michel de Montaigne*. Brasil Escola, c2018. Disponível em: <https://brasilescola.uol.com.br/filosofia/as-ideias-michel-montaigne.htm>. Acesso em: 15 ju. 2018.

HABERMAS, J. *O discurso filosófico da modernidade*. Lisboa: Dom Quixote, 1990.

MANACORDA, M. A. *História da educação:* da antiguidade aos nossos dias. São Paulo: Cortez, 2001.

MONTAIGNE, M. *Ensaios*: livro I. 2. ed. São Paulo Martins Fontes, 2002.

RUSSO, B. F. *Os impactos da Reforma Protestante na educação*. 58 f. Monografia (Bacharelado em Pedagogia) – Universidade Estadual de Campinas, Campinas, SP, 2012. Disponível em: <http://www.bibliotecadigital.unicamp.br/document/?view=000896938>. Acesso em: 15 jun. 2018.

SANTIAGO, E. *De Architectura*. Disponível em: <https://www.infoescola.com/livros/de-architectura/>. Acesso em: 15 jun. 2018.

SEVCENKO, N. *Renascimento*. Campinas: UNICAMP, 1988.

Leituras recomendadas

DELORS, J. (Org.). *A educação para o século XXI*: questões e perspectivas. Porto Alegre: Artmed, 2005.

FERRARI, M. Martinho Lutero, o criador do conceito de educação útil. *Nova Escola*, n. 187, p. 30-32, nov. 2005.

FREIRE, P. *Pedagogia da autonomia*: saberes necessários à prática educativa. 30. ed. São Paulo: Paz e Terra, 1996.

GADOTTI, M. *História das ideias pedagógicas*. São Paulo: Ática, 2001.

GONZÁLEZ ARROYO, M. *Ofício de mestre*: imagens e autoimagens. Petrópolis: Vozes, 2000.

PONCE, A. *Educação e luta de classes*. São Paulo: Cortez, 2001.

RIBEIRO, M. L. S. *História da educação brasileira*: a organização escolar. Campinas: Autores Associados, 2003.

VALENTIM, I. F. *A educação metodista sob a égide do educar e evangelizar*. 2008. 132 f. Tese (Doutorado em Educação) – Universidade Metodista de Piracicaba, Piracicaba, SP, 2008.

XAVIER, M. E. S. P.; RIBEIRO, M. L. S.; NORONHA, O. M. *História da educação*: a escola no Brasil. São Paulo: FTD, 1994.

A influência do Iluminismo na educação

Objetivos de aprendizagem

Ao final deste texto, você deve apresentar os seguintes aprendizados:

- Analisar as ideias precursoras do Iluminismo: Descartes, Bacon, Locke e Newton.
- Reconhecer a contribuição de Comênio (Comenius) e Rousseau para a pedagogia moderna.
- Identificar a ideia da escola pública e laica na Revolução Francesa.

Introdução

O século XVIII foi marcado por inúmeras transformações: a Revolução Industrial, a Revolução Francesa e um dos mais importantes movimentos filosóficos, o Iluminismo. Os pensadores iluministas acreditavam no pensamento racional e combatiam a visão teocêntrica e suas explicações religiosas para a origem e os sentidos do mundo.

Neste capítulo, você vai estudar sobre o pensamento iluminista, ao aprender as ideias de Descartes, Bacon, Locke e Newton. Verá também a contribuição de Comênio e Rousseau para a pedagogia moderna e compreenderá as bases do surgimento da escola pública laica.

A importância do Iluminismo na educação

O Iluminismo foi um movimento filosófico que se iniciou na França, no século XVIII, rapidamente se espalhou por toda a Europa e chegou inclusive até as regiões colonizadas na América. Para conhecer as ideias dos pensadores iluministas, é necessário compreender como se dá a origem desse movimento filosófico, seus principais pensadores e o que eles diziam. Silva (2007, p. 1) descreve como o pensamento iluminista era caracterizado e atribui ao Iluminismo a condição de "herdeiro" do Renascimento e do Humanismo:

> O nome se explica porque os filósofos da época acreditavam estar iluminando as mentes das pessoas. É, de certo modo, um pensamento herdeiro da tradição do Renascimento e do Humanismo por defender a valorização do Homem e da Razão. Os iluministas acreditavam que a Razão seria a explicação para todas as coisas no universo e se contrapunham à fé.

Considere que o Renascimento representou uma grande transformação do pensamento humano, ao se manifestar por meio da pintura, da escultura e da arquitetura. Ainda, foi responsável por revelar uma nova visão de mundo inspirada nos ideais humanistas, cuja forma de pensar colocou toda a ordem social estabelecida em cheque. À vista disso, os pensadores iluministas não se limitaram apenas às questões da arte: suas reflexões influenciaram todas as questões da vida social. Silva (2007, p. 2) também apresenta algumas características e as áreas do pensamento iluminista:

> A principal característica das ideias iluministas era a explicação racional para todas as questões que envolviam a sociedade. Em suas teorias, alguns pensadores iluministas, como filósofos e juristas, preocuparam-se com as questões políticas, sociais e religiosas, enquanto outros, como os economistas, procuraram uma maneira de aumentar a riqueza das nações. De modo geral, esses pensadores defendiam a liberdade, a justiça, a igualdade social e Estados com divisão de poderes e governos representativos.

É possível observar que a sociedade ideada pelos iluministas inspira nossas concepções de Estado e de representação dos poderes até hoje, a exemplo da obra "Discurso do Método" de René Descartes, que exerceu grande influência no pensamento moderno. Visto que a influência do pensamento iluminista é patente na organização da política, do Estado e da economia, é notório como sua forma de pensar agiu sobre a educação no século XVIII e influenciou amplamente seus desdobramentos. De acordo com Gadotti (2001), o ensino tradicional se tornou obsoleto nesse contexto de revoluções e, em vista disso, surgiram novas formas de organização escolar.

Os precursores do Iluminismo e a educação

Até aqui, você pode perceber em sua leitura a importância do pensamento iluminista na organização do pensamento moderno e da educação. Nomes como René Descartes, Francis Bacon, John Locke e Isaac Newton foram fundamentais para o desenvolvimento da educação a partir do pensamento moderno.

René Descartes buscava encontrar um método de análise que pudesse explicar o mundo à sua volta. Sua obra *O discurso do método*, por exemplo, foi largamente utilizada no desenvolvimento de diversos ramos da ciência. Segundo Guimarães (2005, p. 4), a filosofia de Descartes propôs uma nova forma de análise e compreensão do mundo:

> Descartes pergunta: que é o conhecimento? Com essa pergunta, Descartes opera um deslocamento decisivo na representação do real, faz a pergunta crucial da natureza do sujeito cognoscente e da natureza do objeto conhecido. A partir de Descartes, o mais importante é o conhecer, é saber se o homem é capaz de conhecer a verdade. A questão do conhecimento ganha relevância e é previa à metafísica.

Essa forma de entender e questionar contribuiu muito para novas formas de educação: ao refletir sobre o conhecimento, Descartes espontaneamente pensava a respeito da educação. Guimarães (2005) destaca que, em Descartes, a dúvida ganhou um sentido positivo ao se contrapor à ideia de que a dúvida seria a "incerteza do não saber", já que coloca o sujeito a **pensar sobre** um método de experimentação.

> A dúvida como ponto de partida para a construção do método e da metafísica, a dúvida posta em ação engendrada por uma decisão. Descartes decidiu não confiar, tomar como verdadeiro, nada que já tivesse o enganado uma única vez. O processo da dúvida inicia com a decisão de não confiar em nada que pudesse apresentar a menor dúvida (GUIMARÃES, 2005, p. 5).

De acordo com Guimarães (2005), os estudos de Descartes contribuíram muito para a educação, embora suas obras não tratassem especificamente desse tema. Seu posicionamento de dúvida sobre a vida e o mundo foram imensamente importantes para a educação, principalmente a educação de cunho humanista e emancipatório.

> O compromisso com a verdade, o sentido do saber, o passado como ponto de partida para pensar a realidade, a reflexão sobre si mesmo como parte do processo do conhecimento, a reflexão sobre os valores e os costumes, a relação entre o desejo, a vontade, as emoções e a razão são questões fundamentais para a educação e foram abordadas por Descartes (GUIMARÃES, 2005, p. 8).

Em sua obra, Guimarães (2005) apresenta diversos problemas enfrentados pela sociedade contemporânea e descreve, com base no pensamento e na obra de Descartes, sua validade e importância para solucionar os problemas existentes na sociedade atual. São muito recorrentes o tema do preconceito e a preocupação de Descartes com uma verdade que possibilitasse ao ser humano ser feliz. Possivelmente, essa inquietação o foi a principal contribuição de Descartes à educação contemporânea.

> Para Descartes, os estudos devem servir à felicidade do indivíduo, à saúde e ao cultivo do espírito. Para isso, deve se orientar pela busca da verdade. O aprender se faz necessário ao homem para que possa agir na sociedade, sem preconceitos e sem cometer injustiças. "A finalidade dos estudos deve ser a orientação do espírito para emitir juízos sólidos e verdadeiros sobre o que se lhe depara" (GUIMARÃES, 2005, p. 11).

Francis Bacon foi outro pensador iluminista que merece destaque na história da educação. Segundo Batista (2010, p. 163-164), Bacon foi um filósofo renascentista que apresentou uma visão filosófica voltada ao rigor científico, cujo significado foi profundo à educação.

> Embora Bacon não deva ser considerado, *stricto sensu*, um teórico da educação, dado que a sua obra em geral não se debruça sobre a problemática pedagógica em particular, isso não significa que do seu pensamento não seja permitido tirar conclusões de caráter educativo, considerando-se que a presença maciça das ciências na educação (sobretudo na educação contemporânea) supõe uma fundamentação e uma justificação, as quais uma abordagem sobre a epistemologia baconiana teria condições de esclarecer.

Bacon pode ser considerado o legítimo filósofo moderno: seu pensamento e racionalidade questionam os saberes produzidos pela filosofia escolástica e apresentam uma mudança da concepção do Estado, da educação a da própria escolarização, conforme declarou Batista (2010, p. 172-173):

> Bacon almejava, dessa maneira, superar e substituir os paradigmas escolásticos até então vigentes, os quais filosófica e cientificamente não propiciavam ao ser humano o conhecimento necessário para o efetivo domínio da natureza, razão pela qual se fazia preciso encontrar um novo caminho (método) para a produção de um tipo de conhecimento que fosse, acima de tudo, útil à humanidade, dadas as novas exigências históricas trazidas pela cultura renascentista.

Ainda segundo o autor, o pensamento de Bacon foi imprescindível à educação, uma vez que seu pensamento estaria voltado para um método de observação dos fatos naturais e concretos da realidade calcado na ciência e não no senso comum ou em crenças.

> A educação, pensada em tal contexto, pode atuar tanto a favor quanto contra a emancipação intelectual humana, haja vista que ela é uma atividade que, ao moldar o espírito humano, pode, simultaneamente, encaminhá-lo tanto para a verdade e a virtude quanto para a falsidade e o vício. Desse modo, um projeto educacional concebido segundo os parâmetros baconianos contemplaria, concomitantemente, um trabalho metódico, sistemático e efetivo para a tomada de consciência em relação aos ídolos e um implacável combate a eles, já que são os fatores da ignorância da humanidade (BATISTA, 2010, p. 180).

A importância do pensamento moderno para educação está justamente em tornar a educação um ato emancipatório e livre do pensamento religioso. Apesar disso, o pensamento moderno acabou por reproduzir a mesma lógica de dominação agora caracterizada pelo rigor científico e não mais amparada nos aspectos religiosos. Já Manacorda (2010) problematiza a importância da **Reforma Protestante** para a consolidação das transformações que ocorreriam mais tarde, inclusive na educação. Para o autor, esse afastamento do pensamento religioso cristão monopolizado pela igreja católica até a reforma possibilitaria a disseminação do pensamento moderno também na educação.

John Locke, filosofo inglês, também foi relevante para a história da educação. Uma interessante curiosidade apresentada por Fagundes (2014) é que Locke não escreveu especificamente sobre educação. Seus escritos são constituídos de cartas endereçadas a uma parenta, nas quais oferece algumas orientações de como deve ser a educação dos meninos. Fagundes (2014, p. 2) enfatiza a importância do pensamento de Locke para a formação do Estado de cunho liberal e também do ideal de educação constituído na modernidade.

> Como representante máximo do empirismo inglês, John Locke deu uma profunda contribuição à filosofia ocidental no que concerne à teoria do conhecimento. Sua epistemologia constitui o ponto fulcral que cede os elementos para uma crítica ao absolutismo político e a intolerância religiosa, ao mesmo tempo estabelece princípios para uma nova pedagogia, menos formal e mais ativa. Não centrada tanto na lógica e na oratória, e sim no corpo, percepção e no hábito. E, sobretudo, reportada a vida.

Veja que o autor também destaca que Locke manifestava uma herança dos preceitos gregos de educação para o corpo e a mente. Locke acreditava que o homem deve ser educado em sua completude, em todas as dimensões da vida humana:

> [...] concepção lockeana de educação prevê uma ação formativa que venha dar conta tanto do corpo como da mente. Um aspecto não pode ser descuidado em relação ao outro ou beneficiado em detrimento do outro. São, pois, corpo e

mente a unidade constitutiva da natureza humana na qual incidirá o processo educativo. Isso significa, na posição de Locke, a formação completa, ou seja, trata-se de uma ação pedagógica que tange nas duas dimensões: corpo e mente, porém sem dicotomizá-las (FAGUNDES, 2014, p. 4).

A questão do empirismo e da ideia de homem virtuoso é fortemente presente no pensamento de Locke. Com base nessa ideia, a formação humana seria resultado da interação entre a experiência e as virtudes de cada ser ou, ainda, ao que cada ser esteve exposto ao longo da vida. Fagundes (2014, p. 5) destaca ainda que, no pensamento de Locke, a infância seria o momento ideal para a criança aprender as virtudes necessárias para a vida em sociedade.

> A educação, nesse sentido, deve se reportar aos primeiros ensinamentos como sendo os mais cruciais e determinantes de todos que posteriormente virão. É assim que Locke faz jus a seu empirismo – as primeiras impressões são as mais marcantes, e sob elas deitarão as bases da educação do homem. Para tanto, assevera-se que não se pode abrir mão da disciplina, cuja finalidade é fazer com que os valores tenham para as crianças, mediante o hábito, um caráter natural – pois tão cedo eles sejam incutidos, mesmo que pelo pulso firme, antes mesmo que as crianças deles tenham memória a respeito de sua origem, parecerão naturais.

Com base no viés iluminista na educação, são fundamentais as contribuições que **Isaac Newton** proporcionou ao fazer pedagógico e à produção do conhecimento científico. Segundo Moura e Silva (2009), foram justamente os estudos de Newton e a pertinência de seus temas que proporcionaram o desenvolvimento das ciências e da pesquisa a partir de questões racionais também na educação.

Fique atento

Um ponto interessante no pensamento de Descartes é que além de contribuir para o desenvolvimento do pensamento científico, bem como de um método racional de pensamento e de produção do conhecimento e da verdade, Descartes considerava que o senso comum era o ponto de equilíbrio mais importante entre os homens e a maneira mais acertada de conhecer a si mesmo. Por exemplo, mesmo com rigor científico e racional de suas obras, o próprio Descartes não contestava a existência de um Deus.

A importância de Comênio e Rousseau para a pedagogia moderna

A história da educação não pode ser comtemplada se não tratar da importância de **Comênio (Comenius)** e de seu trabalho. Silva (2006, p. 2) descreve a importância e a atualidade de sua obra, a *Didática Magna*, para a educação:

> A obra *Didática Magna*, ou *Tratado da Arte Universal de Ensinar Tudo a Todos*, pretende ser um método seguro de instituir, em todas as comunidades, escolas para a formação de jovens, independente de sexo ou classe social. Nesse sentido, a proposta de Comenius se constitui pioneira na democratização do ensino, onde mulheres e os menos favorecidos socialmente (deficientes mentais, operários, agricultores, em geral excluídos) também são incluídos.

Segundo Silva (2006), Comênio defendia uma educação democrática a todos, em que, independentemente da condição econômica, cada indivíduo poderia acessar os diferentes saberes produzidos pela humanidade. Desse modo, a obra de Comênio se tornou um grande referencial de educação e formação humana, uma formação para a liberdade e a compreensão de si e do mundo:

> Que todos se formem com uma instrução não aparente, mas verdadeira, não superficial, mas sólida; ou seja, que o homem, enquanto animal racional, se habitue a deixar-se guiar, não pela razão dos outros, mas pela sua, e não apenas a ler nos livros e a entender, ou ainda a reter e a recitar de cor as opiniões dos outros, mas a penetrar por si mesmo até o âmago das próprias coisas e a tirar delas os conhecimentos genuínos e utilidade (COMÊNIO, 1966, p. 164 apud SILVA, 2006, p. 2).

Silva (2006) ressalta a importância que Comênio dava à escola e como suas obras e concepções de vida e de homem contribuíram para a organização da educação escolar. Segundo o autor, Comênio acreditava que o conhecimento humano se desenvolveria gradualmente, ao respeitar as etapas de desenvolvimento da razão, pela criação de uma aproximação entre a filosofia e a educação.

> Aqui podemos apontar duas aproximações entre filosofia e educação existentes na proposta de Comenius: a busca pelas razões, pelo pensamento organizado e coerente do ser humano e a concepção de que o conteúdo a ser trabalhado e tematizado nas várias etapas cognitivas é o mesmo. O que muda é o seu grau de aprofundamento em cada fase (SILVA, 2006, p. 4).

Esse aprofundamento do conhecimento ocorreria por meio do acesso e da problematização da vida em cada etapa. A obra de Comênio foi de grande importância e é considerada o primeiro método de organização didática do conhecimento socialmente construído ao longo da história da humanidade.

O filósofo iluminista **Rousseau** também exerceu ampla influência na educação moderna. Para melhor compreensão de sua obra, é necessário entender o contexto histórico em que o filosofo viveu, conforme descreve Lazarini (1998, apud TOMÉ, QUADROS, E MACHADO, 2012, p. 3):

> Rousseau viveu em um momento histórico marcado pela luta entre os representantes das instituições absolutistas, ainda predominante, e a emergente burguesia. Esses enfrentamentos expressaram-se também, entre concepções filosóficas divergentes, que visavam defender ou atacar o absolutismo monárquico. Na defesa dessa instituição estavam os teóricos do direito civil ou divino e os escolásticos. Do outro lado dos ataques, estavam os iluministas franceses.

Rousseau criticava a educação escolástica, conforme aponta Cerisara (1998). A concepção de educação do filósofo pode ser observada nas obras *O contrato social* e o *Emilio, ou Da educação.*

> O Contrato Social, que corresponde a um modelo de educação social e política que versa o desenvolvimento do cidadão, e na obra Emílio, que representa o modelo de educação natural e libertária que privilegia a formação do homem enquanto indivíduo (CERISARA, 1990 apud TOME; QUADROS; MACHADO, 2012, p. 7).

Ao observar as obras dos filósofos precursores do Iluminismo, é possível perceber claramente a contribuição do pensamento iluminista às principais tendências pedagógicas modernas, relacionadas com o desenvolvimento da ciência, do conhecimento e da visão de mundo.

Saiba mais

A obra de Comênio foi de grande importância para a educação contemporânea, uma vez que a disseminação do conhecimento e a organização de um manual de ciências possibilitaram o acesso de um número considerável de pessoas ao saber e ao método do rigor científico. Tal situação repercutiu na forma de pensar, agir e reagir em sociedade.

Assista ao vídeo da palestra sobre o educador Comênio, ministrada pela professora Norma Viapiana, na ocasião da 1ª Semana da Reeducação Consciencial realizada pela Reaprendentia.

https://goo.gl/e4JoEk

Revolução Francesa e a escola pública e laica

A Revolução Francesa provocou mudanças no campo da política, da economia e da sociedade contemporânea que serviram de suporte para ascensão da burguesia e também do modo de produção capitalista. Diante desse contexto, as políticas do Estado também foram alteradas por essas transformações. À vista disso, é apropriado observar como a Revolução Francesa influenciou a educação.

Ressineti e Costa (2014, p. 4) apresentam aspectos do contexto histórico da Revolução Francesa e suas repercussões no campo da educação:

> No contexto da Revolução Francesa, os representantes dos três Estados criticavam a ausência de políticas públicas estatais para a educação, que era oferecida pelas congregações religiosas, predominantemente, e reivindicavam a educação pública nacional, sem a interferência do Rei. Quando foi assinada a constituição por Luis XVI, instalando a monarquia constitucional na França, a Assembleia Constituinte foi dissolvida sem ter aprovado a proposta de Talleyrand.

Segundo Lopes (2008), a proposta de Talleyrand tratava da organização da educação a partir do Estado, cujo sistema deveria ser laico e de acesso a todos e preocupado com a formação do indivíduo para o exercício da cidadania. Ressineti e Costa (2014, p. 3) descrevem de forma simples a proposta de Talleyrand:

> Talleyrand, membro do comitê de constituição, apresentou o Rapport sobre a instrução pública, com os principais fundamentos para a democratização da educação escolar, que se constituem em base para toda a construção teórica em defesa da escola pública, universal, laica, obrigatória e gratuita. No referido documento propunha-se a instrução universal para ambos os sexos, no entanto, apenas a instrução primária seria gratuita; os cidadãos nesse nível de ensino seriam ensinados a conhecer a constituição, defendê-la e aperfeiçoá-la, o que consiste na chamada formação para a cidadania, na conjuntura do nascimento de um novo modelo de Estado: o nacional.

Nem todas as prerrogativas dos revolucionários com relação à educação foram postas em prática naquele momento na França, sob a justificativa da crise e do caos gerado com a revolução. Foram implementadas apenas ações no campo da educação de nível primário. Os demais níveis de ensino continuaram sob o poder das classes mais poderosas, enquanto que aos filhos dos trabalhadores bastava saber ler e interpretar as leis.

Ressineti e Costa (2014, p. 4) problematizam a questão da universalização da educação apenas no nível primário. Nos demais níveis de ensino, o acesso não é garantido pelo Estado, e a desigualdade se mantém.

> Para tanto, nas condições daquele momento apenas o ensino primário seria efetivado e, nessa etapa de instrução, deveriam ser ensinadas às crianças e aos jovens as habilidades de leitura, escrita, aritmética, bem como os conhecimentos sobre a Nação, a descrição dos produtos produzidos no país e entendimento sobre as leis promulgadas. A instrução para além do nível primário seria para preparar os jovens para algumas profissões. Nesse sentido, o ensino secundário seria para ajudá-los a suportar a monotonia do trabalho fabril.

Pinheiro (2018, documento on-line) apresenta em seu texto a preocupação da própria legislação da França pós-revolucionária em instruir seus cidadãos para os exercícios de seus direitos e deveres e aponta que mesmo apresentando um viés liberal, tal passo representou grandes avanços na história da educação.

> Não entrando no mérito do caráter liberal desses discursos, participo da opinião de que eles trouxeram importantes avanços no que concerne à educação pública nacional, contribuindo, *a posteriori*, para a consolidação dos chamados Sistemas Nacionais de Ensino em vários países, o que, no Brasil, só aconteceria na década de 30 do século XX, quando a educação passou a ser vista como questão nacional, o que de forma alguma nos impede de explicitar que ainda hoje, aqui e em muitos outros países, a questão da democratização das oportunidades educacionais – referindo-se tanto ao acesso quanto à permanência na escola – continua sendo uma bandeira de luta dos educadores.

Resguardadas as devidas proporções, o caso da educação brasileira — por meio da LDB, Lei de Diretrizes e Bases da Educação (Lei 9394/96) — propõe prerrogativas muito próximas das pensadas pelos franceses pós-revolução (BRASIL, 1996).

Link

Para conhecer o texto completo da Lei de Diretrizes e Bases da Educação (Lei 9394/96), acesse o link ou código a seguir.

https://goo.gl/bUqcZL

Um importante elemento herdado desse processo na história da educação é a separação entre o poder da igreja e a educação como sistema de instrução. A importância dessa transformação e concepção de Estado, religião e educação é descrito por Melo (2011, p. 3):

> Um item importante aos movimentos de trabalhadores no que se refere à luta educacional ao longo do século XIX foi a crítica da relação entre Igreja e o Estado, uma vez que os assuntos da educação eram monopolizados pelo clero, que estava sempre aliado ao poder político estabelecido servindo de base para a sua perpetuação. Ademais, o domínio da Igreja no tema da educação significava o ensino desvinculado das conquistas científicas e restrito à minoria da população, na medida em que estava comprometido com dogmas religiosos, além de ser pago, não havendo a obrigatoriedade.

No entanto, Melo (2011, p. 5) aponta que tal processo de laicização da educação, iniciado na chamada Comuna de Paris, sofre resistências entre as classes populares. Somente anos mais tarde será compreendida e aceita pela população em geral.

> Os movimentos populares que apareceram nos anos 30 e 40 do século XIX defenderam a "liberdade de consciência" e a liberdade de crença. A proposta do ensino público, gratuito e laico reaparece na cena política institucional francesa com a Revolução de Fevereiro de 1848, a partir da instauração

da República. Devido às pressões dos movimentos populares, foi posto em cena o projeto do Ministro da Educação Hyppolite Carnot, que recuperava o legado do Iluminismo e da fase revolucionária da burguesia, que haviam sido expressos na reflexão de Condorcet e no projeto Lepelletier.

Melo (2011) apresenta uma justificativa para esse atraso em atender às reivindicações populares com relação às políticas de educação laica e gratuita. A burguesia, como classe que emerge no contexto revolucionário, opta pela conciliação com seus opositores em proteção a ideia da propriedade.

> Desse modo, constata-se que desde o período após a Revolução Francesa até o advento da Comuna de Paris, as reivindicações de medidas que visassem à generalização da educação foram desfraldadas pelos trabalhadores em luta. A burguesia não foi capaz de cumprir a missão histórica de generalizar a educação presente no projeto Lepelletier, visto que preferiu conciliar com o historicamente velho no plano social, cultural e político, a fim de conservar a propriedade privada, o que expressou a decadência ideológica da classe detentora do capital (MELO, 2011, p. 7).

Conforme salienta Melo (2011), essa conciliação representou o atraso das medidas da escola laica, contudo também mobilizou a classe trabalhadora para lutar em busca de seus anseios. Assim, a educação como uma política de atendimento universal e gratuito em muitos países pode ser considerada um grandioso legado desses revolucionários franceses e principalmente do movimento de luta organizada das classes trabalhadoras.

Saiba mais

O Brasil, ao proclamar sua república em 1889, se tornou também um Estado laico. À primeira vista, tal transformação representaria a separação entre o Estado e a Igreja (Igreja Católica Apostólica Romana). Apesar disso, essa condição repercutiu em diferentes políticas públicas, entre elas a da educação.

Para compreender o conceito de educação laica no Brasil, acesse o site do Observatório da Laicidade no Brasil, disponível no link a seguir.

https://goo.gl/RB3m1U

Exemplo

A educação no Brasil segue a Constituição Nacional de 1988 (BRASIL, 1988) e a Lei de Diretrizes e Bases da Educação (Lei 9394/96) como orientação (BRASIL, 1996). Para perceber algumas semelhanças existentes em nossa educação atual e os preceitos da educação Iluminista do século XVIII, consulte o título III da Lei 9394/96 (até o inciso V):

> TÍTULO III – Do Direito à Educação e do Dever de Educar
> Art. 4º O dever do Estado com educação escolar pública será efetivado mediante a garantia de:
> I – educação básica obrigatória e gratuita dos 4 (quatro) aos 17 (dezessete) anos de idade, organizada da seguinte forma: a) pré-escola; b) ensino fundamental; c) ensino médio;
> II – educação infantil gratuita às crianças de até 5 (cinco) anos de idade;
> III – atendimento educacional especializado gratuito aos educandos com deficiência, transtornos globais do desenvolvimento e altas habilidades ou superdotação, transversal a todos os níveis, etapas e modalidades, preferencialmente na rede regular de ensino;
> IV – acesso público e gratuito aos ensinos fundamental e médio para todos os que não os concluíram na idade própria;
> V – acesso aos níveis mais elevados do ensino, da pesquisa e da criação artística, segundo a capacidade de cada um.

Para ter acesso ao texto completo da Lei 9394/96, acesse o link a seguir.

https://goo.gl/si6tqj

Referências

BATISTA, G. A. Francis Bacon: para uma educação científica. *Revista Teias*, v. 11, n. 23, p. 163-184, set. 2010. Disponível em: <http://www.e-publicacoes.uerj.br/index.php/revistateias/article/view/24137/17115>. Acesso em: 9 mar. 2018.

BRASIL. Presidência da República. Casa Civil. *Constituição da República Federativa do Brasil de 1988*. Brasília, DF, 1988. Disponível em: <http://www.planalto.gov.br/ccivil_03/constituicao/constituicao.htm>. Acesso em: 8 maio 2018.

BRASIL. Presidência da República. Casa Civil. *Lei nº 9394, de 20 de dezembro de 1996*. Estabelece as diretrizes e bases da educação nacional. Brasília, DF, 1996. Disponível em: <http://www.planalto.gov.br/Ccivil_03/leis/L9394.htm>. Acesso em: 8 maio 2018.

CERISARA, A. B. *Rousseau*: a educação na infância. São Paulo: Scipione, 1990.

COMÊNIO, J. A. *Didática Magna*: tratado da arte universal de ensinar tudo a todos. Lisboa: Fundação Calouste Gulbenkian, 1966.

FAGUNDES, A. L. O. Cartas pedagógicas de John Locke à modernidade. In: SEMINÁRIO DE PESQUISA EM EDUCAÇÃO DA REGIÃO SUL, 10., 2014, Florianópolis. *Anais...* Florianópolis: ANPEDSUL, 2014. p. 1-19. Disponível em: <http://xanpedsul.faed.udesc.br/arq_pdf/1918-0.pdf>. Acesso em: 8 maio 2018.

GADOTTI, M. *Pedagogia da práxis*. 3. ed. São Paulo: Cortez, 2001.

GUIMARÃES, G. Descartes: contribuições à educação. *Humanidades em Foco*, v. 3, p. 5-15, 2005. Disponível em: <http://terra.cefetgo.br/cienciashumanas/humanidades_foco/anteriores/humanidades_5/textos/aprovados/fil_Descartes.pdf>. Acesso em: 8 maio 2018.

LAZARINI, A. Q. *A singularidade do projeto educacional de Rousseau*. Dissertação (Mestrado em Educação) – Universidade Estadual de Maringá. Maringá, PR, 1998.

LOPES, E. M. S. T. *As origens da educação pública*: a instrução na revolução burguesa do século XVIII. Belo Horizonte, MG: Argvmentvm, 2008.

MANACORDA, M. A. *História da educação*: da antiguidade aos nossos dias. São Paulo: Cortez, 2010.

MELO, W. F. A Comuna de Paris e a educação: a luta pela escola pública, gratuita, laica e universal, e a recuperação de um debate para a historiografia. In: SIMPÓSIO NACIONAL DE HISTÓRIA, 26., 2011, São Paulo. *Anais...* São Paulo: ANPUH, 2011. p. 1-14. Disponível em: <http://www.snh2011.anpuh.org/resources/anais/14/1307965408_ARQUIVO_Texto_Anpuh_Nacional_2011_Wanderson_Fabio_de_Melo.pdf>. Acesso em: 8 maio 2018.

MOURA, B. A.; SILVA, C. C. Popularizando Newton: tendências na educação científica do século XVIII. In: ENCONTRO NACIONAL DE PESQUISA EM EDUCAÇÃO EM CIÊNCIAS, 7., 2009, Florianópolis. *Anais...* Florianópolis: ENPEC, 2009. p. 1-12. Disponível em: <http://fep.if.usp.br/~profis/arquivos/viienpec/VII%20ENPEC%20-%202009/www.foco.fae.ufmg.br/cd/pdfs/894.pdf>. Acesso em: 8 maio 2018.

PINHEIRO, L. C. *A Revolução Francesa e a questão da educação pública*: discursos pedagógicos que permanecem. Disponível em: <http://www.historia.uff.br/nec/revolucao-francesa-e-questao-da-educacao-publica-discursos-pedagogicos-que-permanecem>. Acesso em: 12 abr. 2018.

RESSINETI, T. R.; COSTA, A. C. A influência da Revolução Francesa no debate sobre a educação como política pública estatal e a democratização do ensino no Brasil. In: ENCONTRO DE PESQUISA EM EDUCAÇÃO DA REGIÃO SUDESTE, 11., 2014, São João del-Rei. *Anais...* São João del-Rei, MG: UFSJ, 2014. p. 1-10. Disponível em: <https://anpedsudeste2014.files.wordpress.com/2015/07/telma-renata-ressineti-c3a1urea-de-carvalho-costa.pdf>. Acesso em: 8 maio 2018.

SILVA, J. B. *O Iluminismo*: a filosofia das luzes. Feira de Santana, SP: UEFS, 2007. p. 1-14. Disponível em: <https://rl.art.br/arquivos/4920677.pdf>. Acesso em: 8 maio 2018.

SILVA, U. R. Filosofia, educação e metodologia de ensino em Comenius. In: SEMINÁRIO NACIONAL DE FILOSOFIA E EDUCAÇÃO, 2., 2006, Santa Maria. *Anais...* Santa Maria, RS: UFSM, 2006. p. 1-6. Disponível em: <http://coral.ufsm.br/gpforma/2senafe/PDF/013e4.pdf>. Acesso em: 8 maio 2018.

TOMÉ, D. C.; QUADROS, R. S; MACHADO, M. C. G. Algumas considerações sobre a concepção de educação em Rousseau. In: SEMINÁRIO DE PESQUISA DO PROGRAMA DE PÓS-GRADUAÇÃO, 11., 2012, Maringá. *Anais...* Maringá, PR: UEM, 2012. p. 1-13. Disponível em: <http://www.ppe.uem.br/publicacoes/seminario_ppe_2012/trabalhos/co_05/101.pdf>. Acesso em: 9 maio 2018.

Leituras recomendadas

GARCIA, J. D. A. et al. A origem da escola pública no século XIX: contraposição ou coerência com as necessidades do capital? *Tempos e Espaços em Educação*, v. 10, n. 21, p. 177-190, 2017. Disponível em: <https://seer.ufs.br/index.php/revtee/article/view/6341/5263>. Acesso em: 8 maio 2018.

MALHEIROS, R. G.; ROCHA, G. O. R. O debate francês acerca da instrução pública e seus desdobramentos no Brasil. *Revista Brasileira de Educação*, v. 20, n. 63, p. 1009-1032, out./dez. 2015. Disponível em: <http://www.scielo.br/pdf/rbedu/v20n63/1413-2478-rbedu-20-63-1009.pdf>. Acesso em: 8 maio 2018.

SANTOS, M. P. A pedagogia filosófica do movimento iluminista no século XVIII e suas repercussões na educação escolar contemporânea: uma abordagem histórica. *Imagens da Educação*, v. 3, n. 2, p. 1-13, 2013.

SAVIANI, D. *História das ideias pedagógicas no Brasil*. 2. ed. Campinas, SP: Autores Associados, 2008.

SILVA, N. Da Revolução Francesa ao século XXI: alguma notas acerca do sistema educacional francês. *História da Educação*, Pelotas, n. 23, p. 97-123, set./dez. 2007. Disponível em: <https://webcache.googleusercontent.com/search?q=cache:6h3S neOgrZ0J:https://dialnet.unirioja.es/descarga/articulo/4891737.pdf+&cd=9&hl=pt--RR&ct=clnk&gl=br>. Acesso em: 8 maio 2018.

SOARES, M. Sobre as origens da educação pública, nacional e estatal, França, séculos XVIII XIX. *Percursos Históricos* [online], ano 1, ago. 2011. Disponível em: <http://percursoshistoricos.blogspot.com.br/2011/08/sobre-as-origens-da-educacao-publica_16.html>. Acesso em: 8 maio 2018.

VIAPIANA, N. *Comenius*. 2012. Disponível em: <https://www.youtube.com/watch?v=uBSUMRs5x0U>. Acesso em: 9 maio 2018.

O início da escolarização no Brasil e a educação jesuítica

Objetivos de aprendizagem

Ao final deste texto, você deve apresentar os seguintes aprendizados:

- Definir como a colonização da América influenciou a organização da cultura e do conhecimento no Brasil.
- Relacionar as características da educação jesuítica (*Ratio Studiorum*) e seus desdobramentos para a organização da sociedade colonial.
- Analisar a importância da educação como instrumento de dominação religiosa e ideológica no Brasil colônia.

Introdução

Neste capítulo, você vai estudar sobre a educação jesuítica, o início da escolarização no Brasil e como o processo de colonização da América e as características da educação jesuítica influenciaram a organização da sociedade colonial e a produção do conhecimento.

O período colonial do século XV pode ser caracterizado pelo forte controle que a metrópole (Portugal) exercia sobre a colônia (Brasil) não só política e economicamente, mas também de modo determinante no modelo religioso. Tal influência e dominação religiosas são percebidas por meio das ações da Companhia de Jesus, bem como de seu modelo do conhecimento e de organização burocrática do Estado.

A colonização da América e sua influência na organização da cultura brasileira

A história do continente americano não pode ser compreendida em sua totalidade sem antes serem considerados os aspectos relacionados ao período colonial iniciado no século XV até, em alguns países como o Brasil, o século XVIII. Rosário e Silva (2015, p. 380-381) apresentam o significado de colônia no contexto referido e problematizam suas interferências no campo da política e da economia local:

> O que é ser colônia? De um modo geral, ser colônia era ser um "país" dependente, sem autonomia política e econômica para decidir e encaminhar seus próprios destinos. Tudo passa a existir em função dos objetivos e necessidades da metrópole (país colonizador). Essa relação de dependência entre colonizado e colonizador caracteriza um sistema colonial. Tal sistema enquadra-se no capitalismo comercial e sua política mercantilista europeia entre os séculos XV e XVIII. A essência desse sistema de submissão e exploração era o monopólio do comércio da colônia pela Metrópole.

No entanto, tal estrutura social deveria responder a um único preceito, o do pacto colonial. Fausto (1996) apresenta os aspectos que proporcionaram a Portugal o pioneirismo no processo de navegações marítimas. Sua condição geográfica, por exemplo, colocava-o "de frente" para o mar e lhe proporcionou o desenvolvimento de técnicas de navegação grandemente avançadas. Outro aspecto era a organização do Estado, que não apresentava conflitos nem movimentos de contestação como nas demais regiões do continente europeu. O autor também descreve o interesse de Portugal para garantir a expansão marítima, em que diferentes segmentos da sociedade obteriam sucesso com a exploração das novas terras:

> [...] no início do século XV, a expansão correspondia aos interesses diversos das classes grupos sociais e instituições que compunham a sociedade portuguesa. Para os comerciantes, era a perspectiva de um bom negócio; para o rei, era a oportunidade de criar novas fontes de receita em uma época em que os rendimentos da coroa tinham diminuído muito, além de ser uma boa forma de ocupar os nobres e motivo de prestígio; para os nobres e os membros da Igreja, servir ao rei ou servir a Deus cristianizando "povos bárbaros" resultava em recompensas e em cargos cada vez mais difíceis de conseguir, nos estreitos quadros da metrópole; para o povo, lançar-se ao mar significava sobretudo emigrar, tentar uma vida melhor, fugir de um sistema de opressões (FAUSTO, 1996, p. 11).

O processo de colonização do Brasil foi marcado tanto por aspectos característicos do pacto colonial quanto pelos aspectos religiosos e culturais existentes em Portugal, que ao seguir as determinações do Concilio de Trento, estabeleceu forte relação com a Igreja Católica. Nos aspectos da colonização da América relacionados à educação, a presença portuguesa foi marcada pela organização e burocratização das missões jesuíticas.

Oliveira e Barros (2011, p. 5) descrevem a importância das missões jesuíticas no processo de colonização do Brasil e também para a organização da educação:

> Inicialmente na construção da educação brasileira, tivemos a atuação dos jesuítas que, além do objetivo imediato de catequizar, tinham o objetivo principal de colonizar o novo território descoberto, com eles os primeiros exemplos educacionais tão marcantes no Brasil colônia que iriam influenciar até o Brasil República.

A estratégia que compreendia a ação dos jesuítas estaria relacionada à formação escolar sob os preceitos da igreja católica, mas também pretendia educar os índios para o trabalho na colônia. Fausto (1996, p. 28) apresenta o conceito do "bom cristão" defendido pelos jesuítas ao educar os índios:

> Ela [a estratégia] consistiu no esforço em transformar os índios, através do ensino, em "bons cristãos", reunindo-os em pequenos povoados ou aldeias. Ser "bom cristão" significava também adquirir os hábitos de trabalho dos europeus, com o que se criaria um grupo de cultivadores indígenas flexível às necessidades da colônia.

A sociedade brasileira nascente no período colonial seria fortemente marcada pela desigualdade social, pelo trabalho escravo, assim como pela presença da relação de dependência de uma pequena elite fortemente ligada aos preceitos da igreja católica, aspecto característico do vínculo colonial.

Silva e Amorim (2017, p. 187) apresentam a importância da atuação pedagógica dos jesuítas na estrutura colonial:

> A atuação pedagógica dos jesuítas influenciou o modo de educar os indivíduos na colônia segundo suas posições sociais. Isso levou a níveis distintos de instrução: para os índios, os rudimentos da língua e os ofícios; para os brancos libertos, os rudimentos da escrita, da leitura e os ofícios; para as classes abastadas, os ensinos superiores que garantiriam a manutenção da estrutura de poder; já para os escravos africanos e alforriados, os ofícios.

Na educação jesuítica, nota-se nitidamente a presença de valores e costumes cristãos, cuja preocupação era manter uma estrutura social condizente com as necessidades do pacto colonial.

No que se refere à atuação pedagógica dos jesuítas nos aldeamentos, Fausto (1996) acrescenta que, do ponto de vista da cultura indígena, o trabalho dos jesuítas era visto como um processo de aculturação e extermínio da cultura ameríndia. O autor ressalta que os povos indígenas organizaram estratégias de resistência a ela e aponta que a estratégia mais eficaz utilizada pelos indígenas foi a do isolamento:

> Uma forma excepcional de resistência dos índios consistiu no isolamento, alcançado através de contínuos deslocamentos para regiões cada vez mais pobres. Em limites muito estreitos, esse recurso permitiu a preservação de uma herança biológica, social e cultural. Mas, no conjunto, a palavra "catástrofe" é mesmo a mais adequada para designar o destino da população ameríndia. Milhões de índios viviam no Brasil na época da conquista e apenas cerca de 250 mil existem nos dias de hoje (FAUSTO, 1996, p. 22).

Os aspectos apontados por Fausto (1996) revelam a face cruel e assustadora da organização da sociedade brasileira alicerçada na exploração e na dominação cultural, em que o conhecimento seria imposto de acordo com as necessidades existentes, a fim de garantir a dominação e a exploração do território e da força de trabalho.

Fique atento

Uma das estratégias de dominação colonial estava relacionada à questão religiosa e cultural. Para isso, a Companhia de Jesus foi muito eficiente e dedicou-se a cuidar da "educação dos nativos do novo mundo".

De acordo com Silva e Amorim (2017), as regiões das missões, também chamadas de reduções, foram fundadas e organizadas por padres da Companhia de Jesus. As 30 reduções ocupavam os atuais territórios de Brasil, Paraguai, Argentina e Uruguai. Em tais missões havia índios de diversas etnias, mas a maioria era guarani. Os jesuítas chegaram à região com o objetivo de catequizar e "civilizar" sob a autoridade espanhola. A permanência, contudo, era conflituosa (OS SETE..., 2017).

As características da educação jesuítica e a organização da sociedade colonial

Além do objetivo de catequizar os nativos na fé cristã e conter o avanço da reforma protestante, a educação jesuítica também contava com o objetivo de iniciar a educação no Brasil. Bortoloti (2003, p. 3) trata da organização desse sistema de educação por intermédio do "*Ratio Studiorum*", documento que sistematizava o funcionamento dos colégios jesuítas em todo o mundo:

> O Ratio Studiorium fora pensado para ordenar as instituições de ensino de uma única maneira, com vistas a permitir uma formação uniforme a todos que frequentassem os colégios da Ordem Jesuítica em qualquer lugar do mundo. Exceções foram necessárias para que as diversidades mais "berrantes" de algumas localidades fossem minimamente respeitadas. Assim, o Ratio Studiorium seria a base comum que serviria de suporte do trabalho dos jesuítas.

O plano de trabalho dos jesuítas não se limitava apenas a catequização e sistematização do ensino, comprometia-se também à organização da estrutura administrativa e social ao tratar das formas de conduta e atribuição dos respectivos cargos. Bortoloti (2003, p. 4) descreve o âmbito de atuação do *Ratio Studiorium*:

> O plano de estudos dos jesuítas em suas regras gerais ditava qual o comportamento mais aconselhável ao provincial, ao reitor, ao prefeito de estudos, aos professores e até aos funcionários menos graduados para o bom funcionamento do estabelecimento e resultados positivos da educação.

Em relação às missões jesuíticas no Brasil, havia grande preocupação quanto à catequização dos indígenas: era necessário os nativos adotarem as formas de vida e valores cristãos e abandonar suas crenças tidas como pecaminosas e sem valor diante da nova sociedade brasileira. Veja como Silva e Amorim (2017, p. 191) tratam da catequização no Brasil, ao descreverem as estratégias de educação e dominação dos jesuítas em seu projeto colonizador:

> Devemos também voltar nossa atenção a outro nível de instrução que estava presente no trabalho dos padres e irmãos, mesmo que não declarado abertamente. As condições infraestruturais do Brasil exigiam que houvesse uma formação mais técnica, voltada à construção e manutenção, daí a necessidade de formar vários profissionais. Para os jesuítas, instituir um modo de vida e de lidar com a natureza também deveria fazer parte do projeto civilizador que tinham para o Brasil. Acreditavam que impor subsídios materiais era fundamental para afastar os nativos de seus antigos hábitos. Perceberam que civilizar requeria algo mais que formação espiritual.

A ação pedagógica das ordens jesuíticas no Brasil deveria inovar em suas técnicas mesmo alterando algumas orientações do *Ratio Studiorium*, mas sem perder o foco da sua grande missão, a de catequizar e atender aos anseios das necessidades metropolitanas. Bortoloti (2003, p. 2) comenta a estratégia utilizada pelos jesuítas para dominar os saberes necessários a fim de ensinar determinadas técnicas e ofícios aos colonos e índios:

> Os padres procuravam suprir o mercado, pedindo que viessem oficiais especializados do reino e paralelamente aprendiam eles próprios os diversos ofícios para ensinar aos colonos e índios. O aprendizado de cada ofício, pelo que podemos verificar, dava-se de modo informal e prático, durante a execução de uma obra ou no exercício do ofício. Os jesuítas aprendiam para ensinar e também para executar, colaborando com o progresso da colônia.

Assim, é possível entender que a ação Jesuítica no Brasil cumpre um papel pedagógico relacionado à formação cultural, religiosa e de trabalho. Para o colonizador, era necessário fazer com que o nativo se tornasse sedentário, agricultor e monoteísta. Somente dessa forma, o projeto colonizador obteria êxito.

O ensino jesuítico: alicerces da religiosidade e princípios da dominação no Brasil colonial

A história da educação no período colonial deve ser observada a partir dos aspectos da dominação cultural, ideológica e religiosa, uma vez que a ação do governo metropolitano visava à dominação e naturalização de formas de vida e trabalho úteis ao pacto colonial. Por isso, a Companhia de Jesus surge como uma importante estratégia de dominação religiosa e ideológica, elemento apontado por Silva e Amorim (2017). Ela era responsável não só pela catequização dos nativos, como também era encarregada de impor a dominação ideológica e o controle do conhecimento. Os nativos deveriam conhecer apenas os valores necessários para a manutenção do pacto colonial.

Na obra de Silva e Amorim (2017, p. 185), são apresentados alguns dos objetivos da Companhia de Jesus no Brasil:

> A Companhia de Jesus, criada pelo padre Inácio de Loyola, em 1534, e reconhecida em 1540 através de bula papal, possuía característica militante, missionária e instrutiva. Enquanto a atuação da Ordem na Europa estava voltada para o combate à expansão do protestantismo, no Brasil, voltou-se à educação dos povos silvícolas por intermédio da catequese e ao estabelecimento de aldeamentos para ocupação do território.

O papel educativo da Companhia de Jesus foi responsável pela produção, organização e distribuição do saber educativo aos diferentes segmentos da sociedade, e a cada estrato social seria dedicado um tipo diferente de formação educacional. Silva e Amorim (2017, p. 187) problematizam a ação pedagógica dos jesuítas com relação aos diferentes segmentos sociais existentes no Brasil colonial:

> A atuação pedagógica dos jesuítas influenciou o modo de educar os indivíduos na colônia segundo as suas posições sociais. Isso levou a níveis distintos de instrução: para os índios, os rudimentos da língua e os ofícios; para os brancos libertos, os rudimentos da escrita, da leitura e os ofícios; para as classes abastadas, os ensinos superiores que garantiriam a manutenção da estrutura de poder; já para os escravos africanos e alforriados, os ofícios.

Diante da necessidade de formação para o trabalho na colônia, a ação dos jesuítas foi se adaptando às necessidades da dominação colonial ao organizar um sistema de educação contextualizado, portanto, diferente das tradicionais na Europa. Foi por meio da presença de Manoel de Nóbrega que os jesuítas adotaram a estratégia de dominação mediante a educação dos filhos dos indígenas, pois acreditavam que as futuras gerações estariam mais propensas ao trabalho na colônia ao ensinar-lhes os valores cristãos.

> A atuação dos jesuítas na educação no Brasil foi marcada pelo plano de instrução criado pelo Padre Manoel de Nóbrega, chefe dos jesuítas no Brasil. Sua estratégia para organizar o ensino e ter maior efetividade teve como foco agir sobre os filhos dos indígenas, ao fazer uso dos órfãos enviados de Lisboa à sua possessão no novo mundo. Essas crianças serviram de ponte entre os jesuítas e os meninos índios (SILVA; AMORIM, 2017, p. 188).

Logo, deve-se considerar que a presença da Companhia de Jesus na colônia marca o início da educação estatal no Brasil, uma educação "interessada" na formação religiosa e principalmente sob o ponto de vista da dominação e da formação para o trabalho. Essa ação representou grandes avanços para a propagação da fé católica no Brasil, ao marcar sua presença nas ações do Estado até a República. De acordo com Rosário e Silva (2015), aos jesuítas, era prioritária a organização de escolas de ensino elementar e de colégios a fim de preparar a elite local. Para os autores, o ensino jesuítico no Brasil colonial foi marcado tanto por seu caráter livresco quanto pelo seu formalismo pedagógico:

> Este formalismo consiste na contradição existente entre os princípios cristãos europeus e os ensinados nas escolas e a realidade moral dos trópicos. O formal se contrapõe ao real, existindo um contraste entre práticas e princípios ensinados nas escolas, nos colégios, na Igreja e os efetivamente vividos na prática. O proclamado está distante da realidade, com isso, aceitavase que o importante não é ser, mas parecer correto (ROSÁRIO; SILVA, 2015, p. 385).

Os autores relembram, ainda, que como o currículo do ensino jesuítico era marcado por seu aspecto livresco e humanístico ornamental, era por meio desse ensino que a classe dominante receberia "um verniz cultural" que a diferenciaria do povo rude. Tal currículo representaria uma herança do chamado *Ratio Studiorum*:

> O Ratio Studiorum, promulgado em 1599, previa um currículo e método único para os estudos escolares, divido em dois graus, supondo o domínio das técnicas elementares de leitura, escrita e cálculo. Dividiu os estudos em dois graus: o inferior (correspondente ao nosso médio) e o superior (universitário). O ensino inferior propõe gramática, humanidades, retórica; e o superior, filosofia e teologia (ROSÁRIO; SILVA, 2015, p. 385).

A empreitada da Companhia de Jesus na região colonial originou a criação de 24 aldeamentos espalhados pela região sul do Brasil, na Amazônia e no Paraguai (Figura 1).

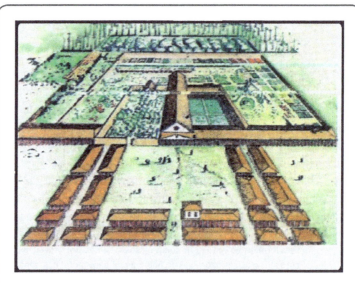

Figura 1. Planta padrão de uma redução jesuítica (modelo).
Fonte: A antiga... (2018, documento on-line).

Rosário e Silva (2015, p. 384) descrevem as atribuições educativas desses aldeamentos:

> As escolas e colégios jesuítas, subsidiados pelo Estado português, se obrigava a formar gratuitamente sacerdotes para a catequese, bem como instruir e educar os indígenas, os mamelucos e os filhos dos colonos brancos. O estudo era considerado fundamental, um espaço para debate de ideias contra o protestantismo, preservação dos valores morais e difusão da cultura cristã europeia.

Nesse espaço de difusão da cultura cristã europeia, ocorre uma elitização do ensino na colonia, à medida que se intensificam as relações de produção e de exploração no território colonial, apontam os autores: as atividades pedagógicas nas missões se voltam para educar os filhos dos colonizadores.

> Se no início, os colégios foram utilizados pelos jesuítas na catequese do nativo, principalmente junto às crianças, para que lhes servissem de intérpretes diante dos índios adultos, posteriormente passam a instruir apenas os descendentes dos colonizadores. Coube aos indígenas e posteriormente aos mestiços e negros a educação para o trabalho através do convívio (ROSÁRIO; SILVA, 2015, p. 386).

No final do século XVII, com a expulsão dos jesuítas do Brasil, a educação assume outro formato, fortemente influenciada pelo século das luzes e pelo saber científico. Silva e Amorim (2017, p. 193) descrevem as características da política adotada no período de Marquês do Pombal:

> Com a expulsão dos jesuítas, foram criadas escolas de ensino secundário e primário, o que demandou a contratação de professores laicos e religiosos. Com fortes influências das ideias iluministas, o Marquês de Pombal buscou reformar o currículo das escolas e da faculdade de Coimbra, alinhando Portugal às mudanças promovidas pelas luzes e pelo saber científico.

Pode-se concluir que a educação jesuítica no Brasil colonial foi responsável pela formação dos diferentes extratos sociais. Cabe também salientar que os jesuítas não foram os únicos religiosos a se ocupar da educação dos gentios da colônia, outras ordens religiosas também se dedicaram a essa atividade. Os inacianos, por exemplo, cuidavam da educação da elite local, ao oferecer bases para o prosseguimento dos estudos no exterior, uma vez que grande parte dos filhos da elite local partia para a Universidade de Coimbra. Já os extratos mais baixos eram educados para os afazeres mais instrumentais.

Exemplo

Garcia (2018), em seus estudos sobre a expansão da fronteira e a "conquista" das fronteiras dos famosos Sete Povos das Missões, apresenta uma descrição dos territórios que atualmente correspondem a seis cidades. Em São Luiz Gonzaga, ficavam as reduções São Lourenço Mártir e São Luiz Gonzaga. Em São Nicolau, estava São Nicolau do Piratini. Em Entre-Ijuís, localizava-se São João Batista. Em Santo Ângelo, havia a redução Santo Ângelo Custódio. Em São Miguel das Missões, encontrava-se São Miguel Arcanjo. E, em São Borja, situava-se a redução São Francisco de Borja.

Referências

A ANTIGA redução jesuítica de "Salto del Guayrá". Disponível em: <http://www.jws.com.br/2018/03/como-era-a-reducao-jesuitica-de-salto-del-guayra-no-parana/>. Acesso em: 23 abr. 2018.

BORTOLOTI, K. F. S. O Ratio Studiorium e a missão no Brasil. *História Hoje*, v. 1, n. 2, 2003.

FAUSTO, B. *História do Brasil*: história do Brasil cobre um período de mais de quinhentos anos, desde as raízes da colonização portuguesa até nossos dias. São Paulo: Edusp, 1996. Disponível em: <http://www.argumento.com.br/cpd/downloads/material_didatico/C3ME/Hist%C3%B3ria%20do%20Brasil%20(Boris%20Fausto).pdf>. Acesso em: 23 abr. 2018.

GARCIA, E. F. *A derradeira expansão da fronteira*: a "conquista" definitiva dos Sete Povos das Missões – 1801. Disponível em: <http://coral.ufsm.br/righi/EPE/elisa_fruhauf_garcia.pdf>. Acesso em: 23 abr. 2018.

OLIVEIRA, K. A. V.; BARROS, M. C. M. S. Educação e processos de escolarização no Brasil: trajetória histórica. In: JORNADA DO HISTEDBR – HISTÓRIA, SOCIEDADE E EDUCAÇÃO NO BRASIL, 10., 2011, Vitória da Conquista. Anais... Vitória da Conquista, BA: UESB, 2011. Disponível em: <http://www.histedbr.fe.unicamp.br/acer_histedbr/jornada/jornada10/_files/bfCBMGAe.pdf>. Acesso em: 23 mar. 2018.

OS SETE Povos das Missões. 2017. Disponível em: <https://www.todamateria.com.br/os-sete-povos-das-missoes/>. Acesso em: 23 abr. 2018.

ROSÁRIO, M. J. A.; SILVA, J. C. A educação jesuítica no Brasil Colônia. *Revista HISTEDBR On-line*, n. 61, p. 379-389, mar. 2015. Disponível em: <https://periodicos.sbu.unicamp.br/ojs/index.php/histedbr/article/download/8640534/8093>. Acesso em: 23 abr. 2018.

SILVA, G.; AMORIM, S. S. Apontamentos sobre a educação no Brasil Colonial (1549-1759). *Interações*, v. 18, n. 4, p. 185-196, out./dez. 2017. Disponível em: <http://www.interacoes.ucdb.br/article/view/1469/pdf>. Acesso em: 23 mar. 2018.

Leituras recomendadas

BOSI, A. *Dialética da colonização*. São Paulo: Companhia das Letras, 1992.

CÁCERES, F. *História geral*. São Paulo: Moderna,1996.

MANACORDA, M. A. *História da educação*: da antiguidade aos nossos dias. São Paulo: Cortez, 1989.

Tendência elitista da educação imperial

Objetivos de aprendizagem

Ao final deste texto, você deve apresentar os seguintes aprendizados:

- Identificar as características da educação brasileira no período imperial.
- Relacionar a tendência elitista da educação imperial e a Reforma Pombalina.
- Examinar os desdobramentos do modelo educacional imperial na organização da cultura e da sociedade brasileira.

Introdução

Neste capítulo, você vai estudar as características da educação brasileira no período imperial, ao relacionar a tendência elitista às reformas do português Sebastião José de Carvalho e Melo, o Marquês de Pombal. Você poderá examinar quais foram os desdobramentos desse modelo de educação para a organização da cultura, do poder político e da sociedade no Brasil. Ainda, será capaz de compreender uma sociedade marcada, historicamente, pela desigualdade social, pelo trabalho escravo e pelo dualismo educacional, em que poucos estudam os saberes científicos e outros apenas o necessário para o trabalho.

A educação brasileira no período imperial

O período imperial no Brasil foi marcado pela forte presença do governo central e por pouca autonomia dedicada as províncias, aspecto que gerou inúmeras revoltas e contestações locais. Vainfas (2008, p. 8) apresenta como aspecto da centralização do poder monárquico a criação do quarto poder, o poder moderador:

> [...] a política nacional foi organizada como um "parlamentarismo monárquico", dando a falsa impressão de um regime democrático aos moldes do que ocorria na Inglaterra. Porém, diferentemente dos ingleses que tinham apenas três poderes, o Brasil tinha quatro poderes na composição do seu governo. Esse quarto poder era o Moderador, que se sobrepunha sobre os demais, dando ao imperador poderes absolutos.

No campo da organização educacional, o período imperial foi marcado pela criação de uma legislação que oferecia a educação como um direito social. Porém, tal oferta ficaria a encargo das províncias, o que ficou comprometido devido a sua autonomia econômica para oferecer educação à população. Zichia (2008, p. 14) aponta que na legislação de 1824 já constaria a oferta da educação gratuita pelo Estado:

> Na constituição política do Império do Brasil de 1824, o princípio da gratuidade aparece explicitado no texto legal, ou seja, era reconhecida a responsabilidade ao acesso à educação por parte do Estado. No entanto, são poucos os relatos provinciais que confirmam o ensino gratuito ofertado e que fazem referência ao ensino subsidiado para o auxílio de meninos pobres.

Embora o princípio da gratuidade tenha aparecido no texto legal de 1824, somente após a constituição de 1891, o princípio passa a ser considerado e implementado no século XIX.

Nascimento (2007, p. 201) descreve que:

> [...] o governo imperial atribuía às províncias a responsabilidade direta pelo ensino primário e secundário, por meio das leis e decretos que vão sendo criados e aprovados, sem que sejam aplicados, pois não existiam escolas e poucos eram os professores.

Saviani (2006), por sua vez, descreve o contexto do início do império e trata da necessidade da criação de um programa de instrução pública para o então novo Estado brasileiro (Figura 1).

Figura 1. Bandeira do Brasil Imperial.
Fonte: yui/Shutterstock.com.

Saviani (2006, p. 5371) também se refere à criação de uma comissão de instrução pública que ficaria encarregada de tratar da legislação de instrução do período imperial:

> [...] a organização de um sistema de escolas públicas, segundo um plano comum, a ser implantado em todo o território do novo Estado. Essa aspiração esteve presente reiteradamente nos discursos das autoridades, de modo geral, assim como nos parlamentares, refletindo-se na Comissão de Instrução que, entretanto, não conseguia objetivar num projeto a necessidade proclamada de um plano geral para a organização da instrução pública.

Segundo Saviani (2006), a discussão entre os parlamentares sobre a instrução pública se estendeu por vários anos. Os primeiros tons dessas políticas foram inspirados na obra de Condorcet e estaria organizada em três graus de instrução específicos. Saviani (2006, p. 5372) descreve cada uma das características dos respectivos graus de instrução:

A "Memória de Martim Francisco", em grande parte baseada nos *"Écrits sur l'instruction publique"* de Condorcet, consistia num plano amplo e detalhado que previa a organização do conjunto da instrução pública dividida em três graus: o primeiro grau cuidaria da instrução comum tendo como objeto as verdades e os conhecimentos úteis e necessários a todos os homens e teria a duração de três anos, abrangendo a faixa etária dos nove aos doze anos de idade. O segundo grau, com a duração de seis anos, versaria sobre os estudos básicos referentes às diversas profissões. E o terceiro grau se destinaria a prover educação científica para a elite dirigente do país.

Considerando o contexto imperial e os desdobramentos legais e de implementação prática, pode-se notar que existia uma necessidade em ofertar ensino público para todos. Porém, o Estado, por não apresentar condições em ofertar o ensino em todo país, encontra uma medida mais simples: atribuir a incumbência da instrução pública às províncias. Com isso, foram criadas experiências de educação e de escola peculiares em cada província, sempre das condições econômicas e sociais de cada região, assim como seu contexto cultural e geográfico. Freitas (2014, p. 1089) discute as questões relacionadas a tal diversidade de interesses que envolvem a legislação educacional em nosso país, característica que não se limitou ao período imperial e existe ainda na atualidade:

> É esta contradição entre ter que qualificar um pouco mais e ao mesmo tempo manter o controle ideológico da escola, diferenciando desempenhos, mas garantindo acesso ao conhecimento básico para a formação do trabalhador hoje esperado na porta das empresas, que move os reformadores a disputarem a agenda da educação, responsabilizando a escola pela falta de equidade no acesso ao conhecimento básico, ou seja, responsabilizando a escola por não garantir o domínio de uma base nacional e comum a todos.

Essa problemática que envolve a instrução, o ensino e o controle do conhecimento sempre foi, no Brasil, um elemento determinante para a organização da sociedade e do trabalho em seus diferentes contextos. Souza (2009) apresenta um "pacto social de classes", em que a elite a deter o poder político e econômico delega funções à classe média (profissionais liberais, advogados, professores, médicos, servidores públicos), por sua vez, detentora do conhecimento erudito e científico. Por fim, os trabalhadores, tratados pelo autor como "a ralé", ou seja, os pobres despossuídos da herança cultural erudita e do conhecimento escolar, não encontram condições de acessar o conhecimento historicamente constituído e socialmente aceito: aos pobres da ralé resta o trabalho e a instrução necessária a tais atividades.

Fique atento

O contexto internacional de consolidação da Doutrina Liberal e de ascensão do modo de produção capitalista foram aspectos que influenciaram tanto a independência quanto a formulação da legislação imperial, aspecto que se estendeu às políticas educacionais. Freitas (2014) problematiza tais interesses na atualidade ao discutir a nova Base Nacional Curricular Comum, aprovada em dezembro de 2017 e em fase de implementação pelas Unidades Federativas.

Fique atento às discussões da Nova Base Curricular Comum em sua região e entenda como a educação pública se apresenta como um importante campo de disputa política e ideológica.

A Reforma Pombalina e a elitização da educação imperial

A educação no Brasil imperial apresentou uma de suas principais características: a elitização do ensino. De fato, a organização do ensino seguiu o modelo adotado ainda no período colonial. De acordo com Saviani (2006, p. 5374), mesmo existindo o desejo de ofertar um sistema de instrução para a população na legislação imperial, as experiências reais se limitaram à criação de uma escola que atenderia aos integrantes da elite.

As transformações do período imperial na educação foram influenciadas pelas reformas realizadas pelo Marquês do Pombal, ainda no período colonial. Os avanços conquistados com a modernização de Portugal, proporcionadas pelas reformas de Pombal, não lograram o mesmo resultado aqui no Brasil. Menardi e Amaral (2006, p. 22) problematizam a peculiaridade brasileira e de sua independência frente às reformas educacionais:

> [...] através da política imperial de racionalização e padronização da administração de Pombal que a educação passou para as mãos do Estado, mas essa educação que passou a ser pública não se faz para os interesses dos cidadãos. Ela serviu aos interesses imediatos do Estado, que para garantir seu *status* absolutista precisa manter-se forte e centralizado nas mãos e sobre comando de uns poucos preparados para tais tarefas.

Convém ressaltar que as reformas de modernização realizadas em Portugal objetivavam oferecer condições de desenvolvimento e crescimento político e econômico frente aos demais países da Europa no século XVIII. Portugal se via em atraso ao se comparar com o desenvolvimento científico e tecnológico de países como a Inglaterra e a França. Para se equiparar a tal modernização, de acordo com Barbosa e Santos Filho (2013, p. 13), Portugal necessitaria de um modelo de ensino diferente do herdado das ordens religiosas (os inacianos em Portugal e os jesuítas no Brasil):

> Portugal necessitava de resultados rápidos, e o método de ensino das ordens religiosas utilizava de processos demasiado longos para o alcance de um conhecimento urgente. A reforma tratou de encurtar o processo de aprendizagem através de métodos de fácil entendimento por parte dos sujeitos da educação menor. Tencionava-se que as crianças aprendessem com maior rapidez e eficiência, em favorecimento de uma formação de caráter objetivo e de resultados tangíveis em curto prazo.

Enquanto em Portugal, as reformas do ensino aliado ao rompimento com a ação das ordens religiosas avançavam para a laicização e a organização de uma educação pública para o povo, no Brasil, a necessidade de fortalecer os laços absolutistas via na organização do saber escolarizado uma maneira de obter e manter o poder. Dessa forma, a oferta dessas propostas de educação demoraram a chegar ao Brasil. Segundo Oliveira (2011), as reformas brasileiras de ensino não acompanharam o mesmo ritmo que em Portugal. Houve um lapso de quase três décadas, o que acarretou em uma desqualificação da educação praticada até então pelos jesuítas e tornou ainda mais precário o sistema de educação público:

> [...] inicia-se, primeiramente, em Portugal, a tentativa da construção de um sistema público de ensino, sendo criado o cargo de diretor geral e as aulas régias. Porém, a reforma brasileira não foi atrelada temporalmente à portuguesa. Somente após quase trinta anos da expulsão da Companhia de Jesus é que o controle educacional pedagógico foi assumido na colônia pelo Estado. A educação brasileira, com esse embate, viu cair consideravelmente seu nível qualitativo. E, com todas essas transformações, enfrenta a dificuldade de progressão e consolidação (OLIVEIRA, 2011, p. 2).

A realidade na monarquia brasileira revela uma estrutura social desigual, massacrada pelo trabalho escravo e por toda a herança do período colonial. Para transformar esse cenário, seria preciso alterar as bases dessa sociedade: iniciar com o fim do trabalho escravo, fato que ocorreu apenas em 1888, ano do final do império. Entende-se que as reformas implementadas pelo Marquês do Pombal em Portugal, no século XVIII, se estenderam aos domínios portugueses e chegaram ao Brasil. A retirada dos jesuítas do cenário educacional representou um marco na história da educação no Brasil, pois, até então, o Estado nunca havia manifestado interesse para a questão da educação: tal atribuição havia ficado delegada até aquele momento às ordens religiosas.

Saviani (2006) aponta que o aumento do prestígio dos jesuítas junto à população, tanto pelos serviços prestados quanto pela própria crença religiosa, aliado à emergência da modernização administrativa do império fez com que o Estado se preocupasse com a educação em caráter público e controlado por uma base sólida e comum a todos os cantos do império.

A educação imperial e a organização da cultura e do conhecimento

A independência do Brasil, em 1822, foi resultado de uma série de acordos entre a elite senhorial local e o capital europeu. Saviani (2006, p. 5376) relaciona o início do império à necessidade de organização do Estado e da nação mediante a criação de uma legislação própria, uma vez que nos debates da época era recorrente o tema da instrução escolar dos jovens:

> Tendo o Brasil se tornado independente de Portugal em 7 de setembro de 1822, impunha-se organizar como Estado a nova nação, o que implicava a promulgação de uma Constituição própria. Para tanto, foi convocada por Decreto de Dom Pedro I, de 3 de junho de 1823, a Assembleia Nacional Constituinte e Legislativa. Em discurso na inauguração dos trabalhos da Assembleia, D. Pedro assinalou a necessidade de uma legislação especial sobre instrução pública. A tarefa de fixar os parâmetros constitucionais para essa legislação especial cabia à Comissão de Instrução Pública da Assembleia Nacional Constituinte. E o caminho encontrado por essa Comissão foi instituir um prêmio para quem apresentasse a melhor proposta de um "Tratado Completo da Educação da Mocidade Brasileira".

Nota-se que existia uma preocupação com a formação dos meninos jovens, o que denuncia os interesses de uma educação voltada para o trabalho em uma sociedade patriarcal e patrimonialista. Saviani (2006, p. 5377) aponta como primeira medida na educação imperial a criação das **escolas de primeiras letras**, inspiradas no chamado método Lancaster ou método de ensino mútuo:

> [...] o método de ensino mútuo, que já vinha sendo divulgado no Brasil desde 1808, se tornou oficial em 1827 com a aprovação da lei das escolas de primeiras letras, ensaiando-se a sua generalização para todo o país. Proposto e difundido pelos ingleses Andrew Bell, pastor da Igreja Anglicana, e Joseph Lancaster, da seita dos Quakers, o método mútuo, também chamado de monitorial ou lancasteriano, se baseava no aproveitamento dos alunos mais adiantados como auxiliares do professor no ensino de classes numerosas.

Segundo Nascimento (2004), o Estado brasileiro já havia manifestado na legislação de 1824 o desejo de organizar um sistema de instrução pública. Na obra de Nascimento (2004, p. 38) é apresentado o trecho da lei que trata da organização desse sistema de ensino:

> [...] os presidentes de província definiam os ordenados dos professores; as escolas deviam ser de ensino mútuo; os professores que não tivessem formação para ensinar deveriam providenciar a necessária preparação em curto prazo e às próprias custas; determinava os conteúdos das disciplinas; devem ser ensinados os princípios da moral cristã e de doutrina da religião católica e apostólica romana; deve ser dada preferência aos temas, no ensino de leitura, sobre a Constituição do Império e História do Brasil.

Não se pode esquecer que mesmo sobre a influência do liberalismo europeu, a sociedade brasileira do período imperial era marcada pelo trabalho escravo e pela existência de uma elite agrária detentora de poder e privilégios. Dessa forma, o desenvolvimento de todo o sistema escolar de instrução primária organizado pelo Estado fica à disposição de uma minoria. De acordo com Menardi e Amaral (2006), ocorre a organização de um sistema público de educação que não atente ao povo, mas que responde às necessidades da elite e ao fortalecimento de seu poder. Rodrigues e Martins (2013, p. 62) apresentam que o problema do acesso à educação não se resolveria apenas pela questão legal, mas em quem era considerado, de fato, cidadão no Brasil imperial:

> A educação que antes era vista como um dever do súdito passou a ser considerada um direito do cidadão; mas quem era considerado cidadão nesse período no Brasil? Os negros eram escravos, as mulheres não possuíam direito de voto, os assalariados e os soldados não podiam votar. Só votavam homens com mais de 25 anos com renda fixa anual e pensando aqui somente na dimensão dos direitos políticos, uma vez que o país vivia em regime monárquico. O que se pensa é que a educação estava sendo requisitada como direito para os filhos homens dos brancos pertencentes à elite agrária do Brasil.

Nascimento (2004) aponta que foi em função da descentralização da educação realizada pelo Ato Adicional, em 1835, que surgiu a primeira Escola Normal do país. Após isso, outras Escolas Normais foram criadas. Tais escolas visavam à melhoria no preparo dos professores. No ano de 1836, foi criada a Escola Normal da Bahia, em 1845, a do Ceará e, em 1846, a escola Normal de São Paulo.

No período imperial, a educação ainda era embrionária. E o Estado pouco se empenhou para assegurar um modelo que atendesse a todos, conforme Nascimento (2004). Vê-se que no final desse período, havia um número limitado de estabelecimentos de ensino, a exemplo de alguns liceus provinciais nas capitais, colégios privados somente em cidades maiores e um número insatisfatório de cursos normais no país, de forma que poucos alunos eram atendidos. O autor ressalta que havia alguns cursos superiores que garantiam o projeto de formação superior. No entanto, havia uma espécie de abismo educacional que dividia a maioria da população brasileira que, quando muito, possuía uma casa e conseguia frequentar uma escola com uma professora leiga para ensinar os pobres que eram excluídos do interesse do governo Imperial. Rodrigues e Martins (2013), por sua vez, relatam que o esforço das escolas normais para formar professores não foi por si só capaz de resolver os impasses e qualificar o ensino público no Brasil, tanto que em 1853 foi apresentada uma medida conhecida como Reforma Couto Ferraz, que visava ao controle e à fiscalização do ensino em todo o império, referida pelo autor:

> O referido Regulamento é um minucioso documento composto de cinco títulos. Os títulos primeiro, terceiro, quarto e quinto estão constituídos, cada um, por um único capítulo tratando, respectivamente, "da inspeção dos estabelecimentos públicos e particulares de Instrução primária e secundária", "da Instrução pública secundária", "do ensino particular primário e secundário" e "das faltas dos professores e diretores de estabelecimentos públicos e particulares". Diferentemente, o título segundo, que trata "da instrução pública primária", compõe-se de três capítulos versando respectivamente sobre as "condições para o magistério público, nomeação, demissão", os "professores adjuntos, substituição nas escolas" e "as escolas públicas, suas condições e regime" (RODRIGUES; MARTINS, 2013, p. 63).

A Reforma Couto Ferraz demonstra um caráter centralizador e controlador do poder da corte sobre os distritos, tanto em seus aspectos administrativos de controle de professores, diretores e substitutos quanto da organização dos estudos. Saviani (2006, p. 5373) descreve como tais estudos estavam organizados:

> Sob o ponto de vista da organização dos estudos, previa-se: a) uma escola primária dividida em duas classes: a primeira compreenderia escolas de instrução elementar, denominadas escolas de primeiro grau; a segunda corresponderia à instrução primária superior, ministrada nas escolas de segundo grau; b) uma instrução secundária ministrada no Colégio Pedro II, com a duração de 7 anos, e nas aulas públicas avulsas, consagrando, portanto, a coexistência dos dois modelos então em vigor; c) os alunos seriam agrupados em turmas adotando-se, portanto, a seriação e o ensino simultâneo.

É importante salientar que a reforma Couto de Ferraz impactou também o regulamento das escolas normais, ao criar nova estratégia pedagógica para a formação de professores. Rodrigues e Martins (2013, p. 64) mostram que a organização do ensino tinha por base um currículo elementar que compreendia "[...] a instrução moral e religiosa, a leitura e escrita, as noções essenciais de gramática, os princípios elementares de aritmética, bem como o sistema de pesos e medidas do município" (artigo 47°) a serem desenvolvidos nas escolas primárias de primeiro grau. Saviani (2006, p. 5374) apresenta como a Reforma Couto de Ferraz tratava as Escolas Normais:

> Para ele [Couto Ferraz], as Escolas Normais eram muito onerosas, ineficientes quanto à qualidade da formação que ministravam e insignificantes em relação ao número de alunos que nelas se formavam. Por isso, já antecipara na Província do Rio de Janeiro a solução adotada no Regulamento de 1854: a substituição das escolas normais pelos professores adjuntos. Daí um inteiro capítulo, o de número II, do Título II, dedicado aos professores adjuntos.

Segundo Saviani (2006), a formação dos professores adjuntos se daria na prática do exercício docente, em que os meninos de 12 anos de idade já podiam se candidatar à vaga de professor adjunto. Na prática, a Reforma Couto Ferraz serviu mais para levantar os problemas do que para resolvê-los, uma vez que as necessidades e problemas enfrentados para a organização do ensino permaneceram. No entanto, conforme descreve Saviani (2006), tal reforma inspirou mudanças em muitas províncias, ainda que não implementadas na prática: a obrigatoriedade do ensino primário foi uma necessidade apontada em todo o império.

Em 1879, a reforma Couto Ferraz passou pela chamada Reforma Leôncio de Carvalho. É possível notar o caráter controlador de inspeção do ensino nessa reforma. Saviani (2006, p. 5374) apresenta sobre a reforma Leôncio de Carvalho:

[...] a Reforma Leôncio de Carvalho mantém a obrigatoriedade do ensino primário dos 7 aos 14 anos (artigo 2º), a assistência do Estado aos alunos pobres (idem), a organização da escola primária em dois graus com um currículo semelhante, levemente enriquecido (artigo 4º) e (artigo 13º) do serviço de inspeção.

Para Saviani (2006), houve uma ruptura com a reforma anterior, ainda que esta regulamente o funcionamento das escolas normais ao fixar seu currículo, a nomeação dos docentes, o órgão dirigente e a remuneração dos funcionários (artigo 9º). A criação de Jardins de Infância para as crianças de 3 a 7 anos foi grande inovação em relação à Reforma Couto Ferraz, prevista no artigo 5º. Ainda, Saviani (2006) destaca que foi na Reforma Leôncio de Carvalho que, pela primeira vez na legislação brasileira, aparecem as palavras *pedagogia* e *pedagógico*. Rompe-se, assim, o caráter meramente legal na alusão a uma ação pedagógica.

Link

No artigo *A história da educação brasileira no império (1822-1889): um estudo reflexivo* (BRITO, 2013), você encontra uma interessante problematização da educação brasileira no período imperial. Leia o artigo disponível no link ou código a seguir.

https://goo.gl/AZzVGk

Exemplo

A educação no Brasil sempre apresentou características voltadas para o atendimento das necessidades do mundo do trabalho, ainda no Período Imperial. Segundo Saviani (2006), ocorre uma elitização da educação mediante a criação dos ensinos primários e secundários. Tal divisão da educação é tratada na atualidade por Frigotto (2011) como dualismo estrutural, visto que há uma divisão da educação de nível médio entre ensino preparatório e ensino técnico. Para o autor, há escolas voltadas à preparação de seus estudantes para o prosseguimento dos estudos, assim como escolas preocupadas com uma formação técnica inicial que possibilite a inserção no mercado de trabalho ao filho do trabalhador. Os críticos ligados às tendências progressistas consideram que tal dualismo reproduz e fortalece ainda mais a divisão de classes e a exploração pelo trabalho, ao reproduzir a desigualdade por meio da educação.

Referências

BARBOSA, S. R. S.; SANTOS FILHO, G. G. Política educacional pombalina: a reforma dos estudos menores e a mudança no método de ensinar. In: CONGRESSO BRASILEIRO DE HISTÓRIA DA EDUCAÇÃO, 7., 2013, Cuiabá. Anais... Cuiabá, MT: SBHE, 2013. p. 1-15. Disponível em: <http://sbhe.org.br/novo/congressos/cbhe7/pdf/01-%20ESTADO%20E%20POLITICAS%20EDUCACIONAIS%20NA%20HISTORIA%20DA%20EDUCACAO%20BRASILEIRA/POLITICA%20EDUCACIONAL%20POMBALINA.pdf>. Acesso em: 25 abr. 2018.

FREITAS, L. C. Os reformadores empresariais da educação e a disputa pelo controle do processo pedagógico na escola. *Educação & Sociedade*, v. 35, n. 129, p. 1085-1114, out./dez. 2014. Disponível em: <http://www.scielo.br/pdf/es/v35n129/0101-7330-es-35-129-01085.pdf>. Acesso em: 23 abr. 2018.

FRIGOTTO, G. Os circuitos da história e o balanço da educação no Brasil na primeira década do século XXI. *Revista Brasileira de Educação*, Rio de Janeiro, v. 16 n. 46, jan./abr. 2011. Disponível em: < http://www.scielo.br/pdf/rbedu/v16n46/v16n46a13.pdf>. Acesso em: 23 abr. 2018.

MENARDI, A. P. S.; AMARAL, T. C. I. *Marquês de Pombal e a reforma educacional brasileira*. Campinas - SP: Graf. FE; HISTEDBR, 2006. Artigo em CD-Rom. 20 anos do HISTEDBR (1986-2006): Navegando na História da Educação.

NASCIMENTO, M. I. M. Instituições escolares no Brasil colonial e imperial. *Revista HISTEDBR On-line*, n. 28, p. 181-203, dez. 2007. Disponível em: <http://www.conhecer.org.br/download/cp/HISTORIA%20DO%20BRASIL/LEITURA%20ANEXA%20MODULO%20I%20-%20d.pdf>. Acesso em: 23 abr. 2018.

NASCIMENTO, M. I. M. *A primeira escola de professores dos Campos Gerais-PR*. 205 p. Tese (Doutorado em Educação) - Faculdade de Educação, Universidade Estadual de Campinas. São Paulo, 2004. Disponível em: <http://repositorio.unicamp.br/bitstream/REPOSIP/253588/1/Nascimento_MariaIsabelMoura_D.pdf>. Acesso em: 23 abr. 2018.

OLIVEIRA et. al. *Marques de Pombal e a expulsão dos jesuítas*: uma leitura do iluminismo português no século XVIII. Disponível em: <http://www.histedbr.fe.unicamp.br/acer_histedbr/jornada/jornada11/artigos/4/artigo_simposio_4_805_nat_oliveir@hotmail.com.pdf>. Acesso em: 23 abr. 2018.

RODRIGUES, R. M.; MARTINS, E. B. C. Educação brasileira: a permanência de um sistema excludente. *CAMINE - Caminhos da Educação*, v. 5, n. 2, 2013. Disponível em: <https://periodicos.franca.unesp.br/index.php/caminhos/article/view/876/928>. Acesso em: 23 abr. 2018.

SAVIANI, D. Pedagogia e política educacional no Império brasileiro. In: CONGRESSO LUSO-BRASILEIRO DE HISTÓRIA DA EDUCAÇÃO, 6., 2006, Uberlândia. Anais... Uberlândia, MG: UFU, 2006. Disponível em: <http://www2.faced.ufu.br/colubhe06/anais/arquivos/489DermevalSaviani.pdf>. Acesso em: 23 abr. 2018.

SOUZA, J. *A ralé brasileira*: quem é e como vive. Belo Horizonte: Editora da UFMG, 2009.

VAINFAS, R. (Org.). *Dicionário do Brasil Imperial (1822-1889)*. Rio de Janeiro: Objetiva, 2008.

ZICHIA, A. C. *O direito à educação no Período Imperial*: um estudo de suas origens no Brasil. 128 p. Dissertação (Mestrado em Educação) – Faculdade de Educação, Universidade de São Paulo, São Paulo, 2008.

Leituras recomendadas

BRITO, K. R. S. A história da educação brasileira no Império (1822-1889): um estudo reflexivo. *Littera Docente & Discente em Revista*, v. 2, n. 3, 2013. Disponível em: <http://www.litteraemrevista.org/ojs/index.php/Littera/article/view/95/95>. Acesso em: 24 abr. 2018.

FAORO, R. *Os donos do poder*: formação do patronato político brasileiro. São Paulo: Globo, 2000.

FURTADO, C. *Formação econômica do Brasil*. São Paulo: Nacional, 2001.

HOLANDA, S. B. (Org.). *O Brasil monárquico*: do império à república. São Paulo: Difel, 1976.

NASCIMENTO, M. I . M. *O império e as primeiras tentativas de organização da educação nacional (1822-1889)*. Disponível em: <http://www.histedbr.fe.unicamp.br/navegando/periodo_imperial_intro.html>. Acesso em: 23 abr. 2018.

Escola Nova: importantes educadores e teóricos europeus e norte-americanos

Objetivos de aprendizagem

Ao final deste texto, você deve apresentar os seguintes aprendizados:

- Identificar os ideais da Escola Nova.
- Apontar as principais ideias e contribuições de Fröbel, Dewey e Freinet.
- Reconhecer a influência das ideias de Montessori, Rogers e Piaget para uma nova visão de educação.

Introdução

A Escola Nova foi um movimento educacional nascido no final do século XIX e que ganhou força na primeira metade do século XX em virtude da democratização e universalização do acesso ao ensino. Nesse período, despontou a amplitude e o desenvolvimento de diferentes ciências. Além de reflexões, manifestos e revigoramento de muitos espaços educacionais, a Escola Nova influenciou muito a Europa, a América e, claro, o Brasil.

Neste capítulo, você vai conhecer as ideias do movimento da Escola Nova, sua efetiva ação no cotidiano educacional na época em que surgiu (século XIX-XX) e em nosso tempo (século XXI); as contribuições para uma nova visão de educação; o modelo de uma escola formadora da vida em sociedade, do respeito à individualidade, da funcionalidade da educação e sua relação com as dimensões afetivas da vida.

Os ideais da Escola Nova

Desde a Proclamação da República (1889), a adoção do federalismo como meio de estruturação governamental, bem como o desenvolvimento industrial, a reestruturação da mão de obra (com a abolição da escravatura, em 1888), manifestos artísticos e culturais, greves de operários e os acontecimentos internacionais (Revolução Russa, Primeira Guerra Mundial, Queda da Bolsa de Nova York) promoveram uma reestruturação conjuntural, que também repercutiram em diversas lutas e movimentos em favor da educação.

Romualdo Portela e Wagner Santana declaram que, a partir da Constituição de 1891, a educação passou a ser vista como um meio de combater as desigualdades e garantir a diversidade, cuja estrutura administrativa foi estruturada de forma que a União se tornou responsável pelos aspectos educacionais do Distrito Federal, os Estados mais ricos se responsabilizaram pela educação de seus cidadãos e os Estados mais pobres repassaram o ônus da contas públicas atreladas à educação aos municípios (OLIVEIRA; SANTANA, 2010). Entretanto, o fato de o critério eleitoral de renda ter sido eliminado e a restrição do voto ao analfabeto ter sido mantida reafirma a limitação ao direito ao voto e a falta de interesse do poder público pela expansão do sistema escolar (XAVIER, 1994).

No novo contexto político, a descentralização escolar se mantinha em nome de princípios como o federalismo e da autonomia dos Estados. A consequência dessa política foi, sem dúvida, a perpetuação da precariedade da escola primária, tanto do ponto de vista de qualidade como de expansão (XAVIER, 1994). Assim sendo, diante da falta de um direcionamento educacional eficaz, surgiram várias propostas divergentes entre si: as principais foram positivismo X escolanovismo e leigos liberais X católicos conservadores.

O fenômeno da urbanização acelerada decorrente do capitalismo industrial cria forte expectativa com respeito à educação, uma vez que a complexidade do trabalho exige qualificação da mão-de-obra (ARANHA, 1996). Foi precisamente nesse período que a intervenção do Estado estabeleceu a escola elementar universal, leiga, gratuita e obrigatória, cujos princípios educativos conteudistas, de memorização, autoritários e excludentes não agradavam a burguesia industrial e comercial nem mesmo os trabalhadores.

> O sistema educacional constitui-se no agente exclusivo de formação das camadas superiores para o exercício das atividades político-burocráticas e das profissões liberais, consolidando um padrão de ensino humanístico e elitista. A partir da emergência do processo de industrialização no país, verificou-se

> um crescimento acelerado da demanda social por escola, acompanhado de uma intensa mobilização das elites intelectuais em torno da reforma e da expansão do Sistema educacional. [...] O inegável é que, se antes a necessidade de instrução não era sentida como fundamental no seio da sociedade brasileira e era relegada a plano secundário pelo poder público, a nova situação induziu profundas modificações no quadro das aspirações educacionais, no discurso e na ação do próprio Estado (XAVIER, 1990, p. 59).

Semelhantemente, manifestaram-se muitos autores preocupados com a educação e com os métodos utilizados em sala de aula e que contestavam o estigma educacional vigente – uma escola para ricos e outra para pobres. Os pioneiros da Escola Nova em destaque foram Anísio Teixeira (1900-1971), Fernando de Azevedo (1894-1974), Lourenço Filho (1897-1970) e outros, que defendiam a escola pública e laica, igualitária e sem privilégios. Para Morais e Penatieri (2016, p. 4), "a valorização da contenção na expressão do indivíduo foi deslocada, passando-se a conferir positividade à espontaneidade na expressão dos afetos, afirmando uma ruptura com o modelo de indivíduo do século XIX".

> Especialmente no contexto escolar, a modernidade pedagógica produzida na primeira
> metade do século XX, o chamado movimento escolanovista, buscava afirmar-se com a
> construção de uma nova concepção de aluno, na negação do modelo anterior, postulando que tal sujeito deveria constituir-se o centro da instituição escolar (GOUVEIA, 2003, p. 218).

Em seu livro *Pedagogia e pedagogos, para quê?*, José Carlos Libâneo retratou o século XVIII como o "Século da Pedagogia" por diferentes motivações, a exemplo do desenvolvimento da educação pública estatal e do surgimento de grandes nomes para a pedagogia. É primordial ressaltar que a educação nacional foi iniciada nesse período: o século das luzes é o momento histórico no qual a pedagogia foi retratada pelo ideal de formação da personalidade plena e da educação integral fundada na razão universal (LIBÂNEO, 1999).

O ideário escolanovista veio para contrapor o tradicional, desde suas concepções até a ação docente nos espaços escolares. Alguns desses contrapontos estão descritos a seguir:

- A centralidade da criança nas relações de aprendizagem, o respeito às normas higiênicas na disciplinarização do corpo do aluno e de seus gestos, a cientificidade da escolarização de saberes e fazeres sociais e a

exaltação do ato de observar e de intuir na construção do conhecimento do aluno.
- O domínio da leitura silenciosa possibilitava ao indivíduo o acesso a um número maior de informações, o que potencializa a ampliação de sua experiência individual.
- O conhecimento, em vez de ser transmitido pelo professor com o intuito de memorização, emergia da relação concreta estabelecida entre os alunos e esses objetos ou fatos, e a escola se responsabiliza por incorporar um amplo conjunto de materiais (VIDAL, 2003).

O movimento da Escola Nova reconhece que todo indivíduo tem o direito à educação, independentemente de razões e/ou ordem econômica e social. E é função do Estado garantir que ela seja pública, gratuita e leiga, tornada, assim, uma forma de democratização da sociedade (GADOTTI, 2003).

Fique atento

Entre o final do século XVIII e o início do século XIX, foi iniciado no Brasil o aumento da rede de ensino, em que a educação deixou de ter um caráter exclusivamente geral e universal. Nesse momento, a formação para a consciência nacional e patriótica passou a ter maior importância em razão das tendências nacionalistas da época. Em relação aos dias atuais, pode-se dizer que é uma educação *pelo* e *para* o fomento da cidadania (ARANHA, 1996).

Fröbel, Dewey e Freinet: principais ideias e contribuições

Em razão da quantidade abundante de autores significativos que marcaram essa época, três autores de grande relevância serão mencionados.
Friedrich Wilhelm August Fröbel (1782-1852) foi um pedagogo nascido em Turíngia, região da Alemanha, cujos pensamento e obra foram marcados por uma visão mística. Um dos principais aspectos salientados por ele foi a necessidade de formação pedagógica de docentes e pais. Em razão disso, sua principal contribuição pedagógica resultou na atenção para com as crianças na fase anterior ao ensino elementar, quando inaugurou em Blankenburg, na primeira metade do século XIX, o primeiro jardim de infância.

> Os jardins de infância são locais não só de recolhimento de crianças (abrigo), mas também espaços aparelhados para o jogo, trabalho infantil e atividades de grupo (canto) organizados por uma professora especializada que orienta as atividades, sem que estas jamais assumam uma forma orgânica e programática, como ocorre nas escolas. No jardim, é a instituição das coisas que é colocada no centro da atividade, é o jogo que predomina. No jardim, existem canteiros e áreas verdes, de modo a estimular as mais variadas atividades na criança, sob a orientação do educador (CAMBI, 1999, p. 426).

Fröbel privilegiava a atividade lúdica por perceber o significado funcional do jogo e do brinquedo ao desenvolvimento sensório-motor. Por isso, inventava métodos para aperfeiçoar as habilidades das crianças. A fim de estimular os impulsos criadores na atividade lúdica, concebeu um cuidadoso equipamento constituído de uma série de materiais oferecidos às crianças de acordo com sua fase etária: primeiro, bola; segundo, bola, cubo e cilindro; terceiro é formado pela divisão de cubos desmontáveis (ARANHA, 1996).

> Para Fröbel, a escola deve levar o aluno à consciência da natureza essencial da realidade e de si próprio. Portanto, o magistério perde o tradicional caráter de transmissor de conhecimentos. Que estes sejam bem ou mal transmitidos é indiferente, pois a verdadeira função consiste em apontar e tornar inteligível a natureza espiritual interior da realidade. [...] o processo educativo consiste em levar o homem, enquanto ser pensante, inteligente, que cresce na consciência de si, a chegar à representação consciente e livre da lei interior da unidade divina e ensinar-lhe os caminhos e só meios para alcançar este objetivo. [...] enquanto ser único, a criança deve desenvolver-se conforme seu próprio ritmo (GILES, 1987, p. 201-202).

É amplamente adotada a idade da primeira infância, que se estende do nascimento aos 3 anos, em que a atenção dos pais deve ser direcionada à formação de um ambiente afetuoso e alegre, de forma que a criança se sinta segura e protegida. Por sua vez, o período do jardim da infância engloba o período dos 3 aos 7 anos, fase em que os instintos fundamentais devem ser despertados por melo do ritmo musical, desenho, jogos e brincadeiras espontâneas. Para Fröbel, a brincadeira é considerada uma expressão independente e exterior dos impulsos e da vida interior e estimula a evolução natural da criança, por meio da ação sobre o ambiente externo (GILES, 1987).

Já **John Dewey** (1859-1952), filósofo e pedagogo estadunidense, se preocupou com o lado pragmático da educação, especialmente com sua adequação ao meio e à evolução social. A partir de 1984, Dewey começou a construir suas teorias a respeito do processo educativo e da teoria social. É importante destacar que o **processo educativo** e o **processo democrático** são considerados sinônimos (GILES, 1987). Nessa época, Dewey também iniciou os estudos sobre a Pedagogia e realizou uma série de experiências visando à descoberta de uma forma do processo educativo mais adequado:

> Em 1987, Dewey funda uma escola experimental, o Laboratório, sob o patrocínio do Departamento de Filosofia, Psicologia e Pedagogia da Unidade de Chicago. [...] Com isso, almeja transformar a escola numa instituição onde se transmitem de maneira viva os grandes avanços dos séculos. Ademais, afirma Dewey, a passividade e a dependência de outrem, características da escola tradicional, constituem um procedimento antidemocrático. Por sua vez, o pragmatismo é um desafio às teorias autoritárias, pois define a verdade em termos de experiência coletiva da sociedade. Mas se o conhecimento é relativo, a verdade é contingente emergente. Se o aluno interage com um ambiente dinâmico, deve-se educá-lo de acordo com essa realidade.
> Portanto, a escola deve ser um laboratório onde a criança dispõe dos materiais e ferramentas necessários para construir, criar e pesquisar, assumindo papel ativo no processo educacional (GILES, 1987, p. 260).

Para ele, o conhecimento é uma atividade dirigida sem um fim em si mesmo, mas está voltado à experiência. As ideias são hipóteses de ação e são verdadeiras à medida que funcionam como orientadoras da ação. Além disso, Dewey se referiu ao vínculo educação-sociedade, ao afirmar claramente a exigência de que a escola deveria atuar na organização de uma sociedade diferente e mais justa, concomitantemente era considerada a expressão da sociedade existente (LIBÂNEO, 1999). Foi mais além ao criticar o processo educativo do início do século XX: salientou que o processo era desprovido de sentido, uma vez que só formava "escravos" em um espaço no qual a virtude e o caráter moral eram impostos, por meio de um mero programa de ensino insípido, em que o aluno era constantemente violentado como ser humano (GILES, 1987).

Em termos práticos, o processo educativo consiste na constante experimentação e busca do desconhecido e não se pauta pela absorção passiva dos fatos. Com isso em vista, desaparecem da sala de aula as carteiras, substituídas por bancos de laboratórios, reputados como sinais de descoberta de criatividade. Desaparece, também, a mesa do professor. Os alunos devem ficar em pé, andar e conversar, enquanto estudam temas vinculados à prática. Dewey concluiu, isto posto, que a escola não pode ser uma preparação para a vida, mas a escola **é a própria vida**. Consequentemente, os fundamentos "vida--experiência-aprendizagem" não se separam: a função da escola é possibilitar a reconstrução continuada apropriada pela criança a partir da experiência (ARANHA, 1996).

Célestin Freinet (1896-1966) foi um professor francês de escola primária que lutou contra as práticas tradicionais de ensino público. Em virtude de sua oposição à pedagogia dos ricos e da luta por uma pedagogia social ou popular, ele poderia ser elencado entre os pedagogos socialistas. Em seu livro *Educação pelo trabalho*, sua principal obra, o autor apresentou um confronto entre a escola tradicional e a escola proposta por ele, na qual o trabalho goza de posição central (FREINET, 1998). No livro *Para uma Escola do Povo*, ele deixa claro o motivo pelo qual uma mudança na dinâmica educacional se faz necessária, já que:

Essa escola que já não prepara para a vida não está voltada nem para o futuro nem mesmo para o presente. Ela insiste num passado caduco, como aquelas velhinhas que, por terem alcançado um sucesso merecido na juventude, não querem mudar em nada seu gênero de vida nem a moda que tão certo dera. E amaldiçoam a evolução, a seu redor, de um mundo condenado (FREINET, 2001, p. 3).

Conforme Ferrari (2008, documento on-line), a proposta de Freinet se fundamentava em quatro eixos: "a cooperação (para construir o conhecimento comunitariamente), a comunicação (para formalizá-lo, transmiti-lo e divulgá-lo), a documentação, com o chamado livro da vida (para registro diário dos fatos históricos), e a afetividade (como vínculo entre as pessoas e delas com o conhecimento)". Para readaptar a escola e aproximá-la das necessidades individuais, sociais, intelectuais, técnicas e morais da vida em nossa sociedade, é urgente que seja feita uma reflexão sobre o que se deseja obter para nossos filhos: devemos revisitar o tempo todo e reconsiderar o objetivo da educação, que tem sujeitos, tempo e espaço.

A aprendizagem da gramática e dos conteúdos pesquisados era original, posto que o método utilizado era centrado no projeto de imprensa na escola. Ao eliminar manuais escolares, aprendia-se a composição para a imprensa, e era cultivada a expressão por meio de textos livres. Com base no conhecimento verdadeiro como recriação, Freinet estimulava a exploração da curiosidade, a coleta de informações – tanto pelos alunos como pelos professores –, o debate e, por fim, a expressão escrita. Em seguida, ilustrações e cálculos eram elaborados para a montagem do texto que seria impresso. Por fim, estimulava-se a comunicação interescolar por meio de correspondências relacionadas às pesquisas trocadas entre alunos de classes diferentes (ARANHA, 2006, p. 265).

A escola dimensionada por Freinet é repercutida nos dias atuais: a vivacidade dos questionamentos enumerados por Freinet e o dimensionar do fazer docente, no sentido de dar vida, promove a aprendizagem centrada no aluno e na sua relação com o meio.

Saiba mais

Você já ouviu falar da pedagogia ativista?
A pedagogia ativista fundamenta-se nos princípios da Escola Nova, que propõem uma mudança de realidade. Segundo Cambi (1999, p. 513-534), há sete grandes temas:
- **Puericentrismo:** reconhecer o papel essencial-ativo da criança em todo o processo educativo.
- **Valorização do fazer:** dispor das atividades manuais, o jogo e o trabalho no centro do trabalho escolar.
- **Motivação:** criar interesse da criança pela aprendizagem real e orgânica.
- **Centralidade do estudo do ambiente:** estabelecer estímulos à aprendizagem por meio da realidade da criança.
- **Socialização:** satisfazer essa necessidade primária.
- **Antiautoritarismo** da supremacia do adulto, da sua vontade e de seus fins sobre a criança.
- **Anti-intelectualismo:** organização mais livre do conhecimento por parte dos alunos.

Montessori, Rogers e Piaget para uma nova visão de educação

Método Montessori

"A tarefa do professor é preparar motivações para atividades culturais, num ambiente previamente organizado, e depois se abster de interferir." (Maria Montessori)

O método Montessori de ensino é um modelo educacional desenvolvido pela médica e educadora italiana Maria Montessori (1870-1952). As características são alicerçadas na independência, na liberdade com limites e no respeito pelo desenvolvimento natural de habilidades físicas, sociais e psicológicas da criança. O objetivo fundamental é desenvolver a totalidade da personalidade da criança e não meramente os aspectos cognitivos. Segundo a *Association Montessori Internationale*, AMI (SALOMÃO, c2018), os elementos essenciais à dinâmica de uma escola montessoriana são:

- a sala de aula reúne crianças com idade entre 3 e 6 anos;
- o aluno tem liberdade de escolha entre as atividades propostas;

- os blocos ininterruptos de trabalho têm duração de três horas;
- as crianças aprendem ao trabalhar com materiais, em lugar de receber passivamente instruções diretas, segundo o modelo construtivista;
- o aluno tem liberdade para se movimentar dentro da sala de aula;
- o professor recebe treinamento do método Montessori;
- usa-se materiais educacionais especializados desenvolvidos por Maria Montessori e seus colaboradores (Figura 1).

Figura 1. Materiais educacionais.
Fonte: Salomão (2018, documento on-line).

A proposta educacional desenvolvida por Montessori para a Educação Infantil considera a educação dos sentidos a base para o pleno desenvolvimento biológico do indivíduo. Seus materiais didáticos são sensoriais e de exercício para a vida cotidiana que desenvolvem a linguagem, matemática, ciências. Estão, ainda, plenamente incorporados ao cotidiano familiar, educacional e em diversos segmentos da indústria de consumo infantil. O uso de materiais pedagógicos que promovem diferentes vivências aliados ao fato de o professor exercer um papel de guia dirigente e animador promove uma aprendizagem integrada e equilibrada, ao renunciar à postura de "ensinador". É necessário compreender a criança a fim de identificar nela os sinais da eficiência daquilo que lhe está sendo oferecido. De acordo com Montessori, "uma das provas da correção do processo educacional é a felicidade da criança" (SALOMÃO, c2018, documento on-line).

Método de Rogers

"O único homem que se educa é aquele que aprendeu como aprender: que aprendeu como se adaptar e mudar, que se capacitou de que nenhum conhecimento é seguro, que nenhum processo de buscar conhecimento oferece uma base de segurança." (Carl Rogers)

Carl Ransom Rogers (1902-1987), psicólogo estadunidense que criou o método não diretivo, no qual o próprio paciente direciona o processo terapêutico. Rogers pôs em prática suas ideais no processo educativo – segundo ele, o papel do mestre deve ser o de criar uma atmosfera favorável ao processo de ensino, o de tornar os objetivos tão explícitos quanto possível e o de ser sempre um recurso para o aluno.

Gadotti (2003, p. 183) apresenta alguns princípios de aprendizagem:

- os seres humanos têm natural capacidade de aprender;
- a aprendizagem significativa é percebida quando o estudante nota que a matéria de estudo se relaciona a seus objetivos;
- a aprendizagem que envolve mudança na organização de cada um – na percepção de si mesmo – é ameaçadora e tende a suscitar reações;
- as aprendizagens que ameaçam o próprio ser são mais facilmente percebidas e assimiladas quando as ameaças externas se reduzem a um mínimo;
- quando a ameaça ao "eu" é débil, a experiência sob diversas formas é percebida, e a aprendizagem pode ser levada a cabo;
- é por meio de atos que se adquire aprendizagem mais significativa;
- a aprendizagem é facilitada quando o aluno participa responsavelmente do seu processo;
- a aprendizagem autoiniciada que envolve o aprendiz integralmente – seus sentimentos e sua inteligência – é a mais durável e impregnante;
- a independência, a criatividade e a autoconfiança são facilitadas quando a autocrítica e a autoapreciação são básicas e a avaliação feita por outros tem importância secundária;
- a aprendizagem socialmente mais útil, no mundo moderno, é a do próprio processo de aprendizagem, uma contínua abertura à experiência e à incorporação, dentro de si mesmo, do processo de mudança.

Como podemos observar nos princípios de Rogers, o professor passa a ser considerado um facilitador da aprendizagem, não mais aquele que transmite conhecimento, mas aquele que auxilia os educandos a aprender a viver como indivíduos em processo de transformação. Dessa forma, o planejamento didático-pedagógico deve ser focado em procedimento de experimentação, no qual o aluno entra em contato com o objeto da aprendizagem em diferentes experiências afetivas e cognitivas sobre o objeto, em um processo de imersão do educando nas diversas dimensões do objetivo a ser conhecido e experienciado.

Professor e educando experimentam o sistema, em um processo de transformação e apropriação de conhecimentos em níveis diferentes e construtores de uma relação de sincronicidade em torno da aprendizagem.

Método de Piaget

"A criança precisa brincar para crescer." (Piaget)

O psicólogo suíço Jean William Fritz Piaget (1896-1980) é considerado um dos mais importantes pensadores do século XX. Para Piaget, as crianças só podem aprender o que estão preparadas para assimilar. A tarefa dos professores será aperfeiçoar esse processo de descoberta. Portanto, a escola deve adequar seus métodos pedagógicos ao modo de ser dos seus alunos. Em lugar de se fixar em um currículo dogmático, a escola deve se basear no perfil revelado pelos próprios aprendizes, a fim de elaborar tarefas (com temáticas de acordo com a faixa etária atendida) e também atividades lúdicas, essenciais na formação da criança (TERRA, 2014). Os estudos de Piaget tiveram vasta repercussão na Psicologia e na Pedagogia: especialmente a Teoria Cognitiva, que considera quatro períodos evolutivos da espécie humana, caracterizados "por aquilo que o indivíduo consegue fazer melhor" no decorrer das diversas faixas etárias em seu processo de desenvolvimento. Os ideais de Piaget representam um salto qualitativo na compreensão do desenvolvimento humano, à medida que uma tentativa de integração entre o sujeito e o mundo que o circunda é evidenciada.

No livro organizado por Márcia de Lima Elias Terra (2014), as fases do desenvolvimento em Piaget estão elencadas da seguinte forma:

- Sensório-motor (0 a 2 anos): esta primeira fase vai do nascimento até 1 ano e meio de vida. O novo ser procura conquistar o domínio de seus movimentos e conhecer os aparatos físicos que o cercam. Ele capta os estímulos exteriores por meio de seus sentidos. Sua interação com o ambiente se dá sem a intermediação de seus pensamentos.

- Pré-operatório (2 a 7 anos): esta etapa corresponde ao estágio pré-escolar. Nesse período, ela ainda não consegue distinguir entre o mundo real e as aparências. Por outro lado, desenvolve o intelecto simbólico, o pensar centrado em si mesmo e, guiada pela intuição, a ideia de situação não reversível.
- Operações concretas (7 a 11 ou 12 anos): a criança com idade entre 7 e 11 anos está preparada para compreender abstrações, como os números e o processo de interação social. Já elabora uma lógica interior concreta e consegue resolver questões consistentes. É capaz de entender os conceitos de tempo, espaço, velocidade e disciplina, dentre outros. Nesse estágio, consegue abstrair informações a partir de situações reais. Há uma transcendência do egocentrismo e uma maior cooperação com o outro.
- Operações formais (11 ou 12 anos em diante): esta última passagem da infância se desenrola dos 12 anos em diante. A capacidade cognitiva da criança chega ao ápice. Sua mente está pronta para empregar o raciocínio lógico na solução de qualquer questão, ao sistematizar dados e fazer deduções a partir de objetos consistentes. Navega com facilidade pelo pensamento abstrato, prescindindo da plataforma do concreto (TERRA, 2014).

As características das tendências pedagógicas descritas neste capítulo são elencadas no Quadro 1.

Saiba mais

A educação é o espaço do humano, do encontro dos muitos mundos humanos com todas suas dificuldades, querelas, máculas. Do encontro entre professor e aluno muito se pode fazer, muito se pode criar. Os pensadores da educação apresentados neste texto olharam nos olhos de seus alunos e perceberam muito além do que estava à sua frente: estudaram e pesquisaram processos de aprendizagem que se direcionam ao *modus operandi* do fazer docente de hoje. O aluno é o centro da aprendizagem e protagonista do processo educativo, além de estar envolvido ativamente com a sua formação (BACICH; MORAN, 2018).

Quadro 1. Síntese das tendências pedagógicas

Nome da tendência pedagógica	Papel da escola	Conteúdos	Métodos	Professor x aluno	Aprendizagem	Manifestações
Tendência liberal renovadora progressiva	A escola deve se adequar às necessidades individuais ao meio social.	Os conteúdos são estabelecidos a partir das experiências vividas pelos alunos frente às situações-problemas.	Por meio de experiências, pesquisas e método de solução de problemas.	O professor é auxiliador no desenvolvimento livre da criança.	É baseada na motivação e na estimulação de problemas.	▪ **Montessori** ▪ **Decroly** ▪ **Dewey** ▪ **Piaget** ▪ Lauro de Oliveira Lima
Tendência liberal renovadora não diretiva (Escola Nova)	Formação de atitudes.	Baseia-se na busca dos conhecimentos pelos próprios alunos.	Método baseado na facilitação da aprendizagem.	Educação centralizada no aluno – o professor garantirá um relacionamento de respeito.	Aprender é modificar as percepções da realidade.	▪ **Fröbel** ▪ **Freinet** ▪ **Carl Rogers,** "Summermerhill" escola de A. Neill.

Fonte: Adaptado de *As tendências pedagógicas* (c2018, documento on-line).

Referências

ARANHA, M. L. de A. *História da educação*. São Paulo: Moderna, 1996.

ARANHA, M. L. de A. *História da educação*. São Paulo: Moderna, 2006.

AS TENDÊNCIAS pedagógicas. c2018. Disponível em: <http://escolarizando.wikispaces.com//>. Acesso em: 28 maio 2018.

BACICH, L.; MORAN, J. (Orgs.). *Metodologias ativas para uma educação inovadora*: uma abordagem teórico-prática. Porto Alegre: Penso, 2018.

CAMBI, F. *História da pedagogia*. São Paulo: Editora da UNESP, 1999.

FERRARI, M. Célestin Freinet, o mestre do trabalho e do bom senso. 2008. Disponível em: <https://novaescola.org.br/conteudo/1754/celestin-freinet-o-mestre-do-trabalho-e-do-bom-senso>. Acesso em: 7 jun. 2018.

FREINET, C. *Educação pelo trabalho*. São Paulo: Martins Fontes, 1998.

FREINET, C. *Para uma escola do povo*. São Paulo: Martins Fontes, 2001.

GADOTTI, M. *História das ideias pedagógicas*. São Paulo: Ática, 2003.

GILES, T. R. *História da educação*. São Paulo: EPU, 1987.

GOUVEA, M. C. S. A escolarização da "meninice" nas Minas oitocentistas: a individualização do aluno. In: FONSECA, T. N. L.; VEIGA, C. G. (Org.). *História e historiografia da educação no Brasil*. Belo Horizonte: Autêntica, 2003.

LIBÂNEO, J. C. *Pedagogia e pedagogos, para quê?* São Paulo: Cortez, 1999.

MORAIS, E. M.; PENATIERI, G. R. *Apontamentos teóricos sobre a categoria aluno e sua relevância na formação docente*. 2016. III Congresso Nacional de Educação. Campina Grande (PB). Disponível em: <http://www.editorarealize.com.br/revistas/conedu/trabalhos/TRABALHO_EV056_MD1_SA4_ID320_15082016104503.pdf>. Acesso em: 7 jun. 2018.

OLIVEIRA, R. P.; SANTANA, W. (Orgs.). *Educação e federalismo no Brasil*: combater as desigualdades, garantir a diversidade. Brasília: Unesco, 2010.

ROGERS, C. R. *Liberdade para aprender*. Belo Horizonte: Interlivros, 1978.

SALOMÃO, G. *Lar Montessori*: a educação como uma ajuda à vida. c2018. Disponível em: <https://larmontessori.com/o-metodo/>. Acesso em: 27 maio 2018.

TERRA, M. L. E. (Org.). *História da educação*. São Paulo: Pearson, 2014.

VIDAL, D. G. Escola nova e processo educativo. In: LOPES, E. M. T.; FARIA FILHO, L. M.; GREIVE, C. (Orgs.). *500 anos de educação no Brasil*. 3. ed. Belo Horizonte: Autêntica, 2003.

XAVIER, M. E. S. P. *Capitalismo e escola no Brasil*. Campinas: Papirus, 1990.

XAVIER, M. E. S. P.; RIBEIRO, M. L. S.; NORONHA, O. M. *História da educação*: a escola no Brasil. São Paulo: FTD, 1994.

Leituras recomendadas

BALESTRA, M. M. M. *A psicopedagogia em Piaget*: uma ponte para a educação da liberdade. Curitiba: Intersaberes, 2012.

FARIA FILHO, L. M. (Org.) *Pensadores sociais e história da educação*. 3. ed. Belo Horizonte: Autêntica, 2011.

MONTESSORI, M. *Para educar o potencial humano*. São Paulo: Papirus, 2014.

SOUZA, N. M. M. (Org.). *História da educação*. São Paulo: Avercamp, 2006.

Escola Nova no Brasil

Objetivos de aprendizagem

Ao final deste texto, você deve apresentar os seguintes aprendizados:

- Analisar os reflexos do movimento da Escola Nova no Brasil.
- Descrever a importância do "Manifesto dos Pioneiros da Educação Nova" para a educação brasileira.
- Identificar as contribuições de Lourenço Filho e Anísio Teixeira.

Introdução

Neste capítulo, você explorará o eco das ideias de educadores e pensadores europeus e estadunidenses no Brasil e conhecerá a luta travada pela construção da autonomia do pensamento pedagógico brasileiro, que era atrelado ao pensamento religioso. Além disso, você verá que o "Manifesto dos Pioneiros da Educação Nova" continua vivo nos anseios da comunidade escolar brasileira.

O movimento Escola Nova e seus reflexos

Após a Primeira Guerra Mundial, a industrialização e urbanização se desenvolvem, e, nesse contexto, forma-se uma nova burguesia urbana, cuja parte exige acesso a uma educação acadêmica e elitista e deseja retomar os valores da oligarquia. Paralelamente, o avanço educacional aguardado como fim do Império não corre na proporção das expectativas da população: não havia aparente interesse do Governo Federal pelo ensino primário, que ficava ao encargo dos reduzidos recursos dos Estados; o ensino irregular não seriado ainda minava o ensino secundário, cujo objetivo principal era preparar o aluno para o ensino superior... Mas não havia universidades no Brasil.

Em meio a essa conjuntura efervescente, as estruturas sociais e políticas emergentes criaram movimentos culturais e educacionais: era a década de 1920, período em que diversos autores proclamavam o "entusiasmo pela educação" e o "otimismo pedagógico". Foi quando surgiram "educadores profissionais" voltados especialmente à educação e intelectuais, que realizavam debates e criavam planos de reforma para recuperar o atraso brasileiro, cuja população era 80% analfabeta (ARANHA, 1996).

> Nesse contexto, os educadores da Escola Nova introduzem o pensamento liberal democrático, defendendo a escola pública para todos, a fim de se alcançar uma sociedade igualitária e sem privilégios. [...] Antes mesmo que o ideário da Escola Nova fosse bem conhecido, diversos Estados empreenderam reformas pedagógicas calcadas na proposta escolanovista. Foram eles Lourenço Filho (Ceará, 1923), Anísio Teixeira (Bahia, 1925), Francisco Campo e Márcio Casassanta (Minas Gerais, 1927), Fernando de Azevedo (Distrito Federal, 1928) e Carneiro Leão (Pernambuco, 1928) (FINCATTI, 2009, p. 62; 64-65).

Foi devido à Revolução de 30 que alguns dos reformuladores educacionais passaram a ocupar cargos importantes na administração do ensino e, assim, procuraram colocar em prática as ideias que defendiam. Um deles foi Francisco Campos, que imprimiu uma tendência renovadora ao assumir o recém-criado Ministério da Educação e Saúde (governo provisório de Getúlio Vargas). Pela primeira vez, uma ação planejada visou à organização nacional, com princípios da Escola Nova que visavam mudar completamente a visão tradicional de ensino (Quadro 1).

Quadro 1. Comparativo entre a escola tradicional e a Escola Nova

	Escola tradicional	Escola Nova
Início	■ Século XVI	■ Século XIX — Brasil de 1920
Influência	■ Catolicismo voltado à escola jesuítica	■ Pensamento iluminista ■ Liberal
Aluno	■ Submetido a horários e currículos rígidos ■ Homogeneização ■ Passivo ■ Receptor da tradição cultural	■ É o centro do processo (pedocentrismo) ■ Ritmo de interesse individual

(Continua)

(Continuação)

Quadro 1. Comparativo entre a escola tradicional e a Escola Nova

	Escola tradicional	Escola Nova
Relação entre professor e aluno	▥ Magistrocêntrico ▥ Mestre detém o saber e a autoridade ▥ Professor é um modelo a ser seguido	▥ Alunos são o centro do processo ▥ Esforço do professor para despertar a atenção e curiosidade ▥ Professor facilitador da aprendizagem
Disciplina	▥ Rígida, baseada em castigos e punições ▥ Aluno deve obedecer as regras	▥ Contra os castigos ▥ Prepara para autonomia ▥ Estimula discussões para compreensão
Metodologia	▥ Valoriza a aula expositiva ▥ Exercícios de fixação (leitura receptiva e cópias)	▥ Aprende fazendo
Conteúdo	▥ Ênfase no esforço intelectual de assimilação de conhecimento ▥ Teórico e ressalta a cultura clássica humanista	▥ Abstração deve resultar da experiência/tem relação com a vida ▥ Conteúdo aprendido e não decorado
Avaliação	▥ Enfatiza aspectos cognitivos ▥ Provas (centro de avaliação)	▥ Processo válido para o próprio aluno ▥ Cooperação e solidariedade
Pensadores	▥ Lutero ▥ Augusto Comte ▥ John Locke	▥ Dewey ▥ Freinet ▥ Anísio Teixeira
Críticas	▥ Ensino intelectualista, livresco e voltado ao passado ▥ Magistrocêntrico (o professor é guia e modelo do aluno) ▥ Sistema autoritário e dogmático	▥ Pouca disciplina ▥ Minimização do professor

Fonte: Adaptado de Malaggi (2009, p. 24).

Os reflexos das propostas pedagógicas da Escola Nova estão centrados justamente por causa da organização e regulação do sistema público de ensino. No Brasil, a ação docente passou a ser normatizada e inspecionada, mas ainda assim ficou aquém do ideário centrado no desenvolvimento entre o educando e sua comunidade e as áreas do conhecimento.

Fique atento

A primeira iniciativa da Revolução de 30 no campo da educação foi a criação do Ministério da Educação e das Secretarias de Educação dos Estados. Foi escolhido o Ministro da Educação Francisco Campos, que buscou alcançar três objetivos:
- ampliar a faixa de participação no desenvolvimento da educação nacional;
- desenvolver os instrumentos destinados a unificar, disciplinar e proporcionar articulação e integração — ainda heterogêneas — dos sistemas isolados estaduais;
- estabelecer os mecanismos destinados a promover o relacionamento federal com os diversos sistemas e redes de ensino.

Manifesto dos Pioneiros da Educação Nova

O debate sobre a reconstrução educacional no Brasil se baseou em duas vertentes que polarizaram as concepções sobre educação:

- a Igreja defendia a iniciativa privada, elitista, doutrina religiosa na escola, separação por sexo, ensino particular e responsabilidade da família;
- os pioneiros da Escola Nova defendiam a escola pública, laica, gratuita e obrigatória por meio de um plano nacional de educação.

Para esses pioneiros, as únicas revoluções fecundas eram as que se fazem ou se consolidam **pela educação**. Frente a essa realidade, um grupo de 26 educadores lançou, em 1932, o Manifesto dos Pioneiros da Educação Nova (AZEVEDO et al., 2010). Foram propostas e defendidas, nesse documento, numerosas soluções gradualmente aplicadas à educação brasileira. As principais ideias desse manifesto são:

- a educação é vista como instrumento essencial de reconstrução da democracia no Brasil com a integração de todos os grupos sociais;
- a educação deve ser essencialmente pública, obrigatória, gratuita, leiga e sem qualquer segregação de cor, sexo ou tipo de estudos e desenvolver--se em estrita vinculação com as comunidades;
- a educação deve ser "uma só", com os vários graus articulados para atender às diversas fases do crescimento humano. Mas unidade não quer dizer uniformidade; antes, pressupõe multiplicidade;
- a educação deve ser funcional e ativa, e os currículos devem se adaptar aos interesses naturais dos alunos, que são o eixo da escola e o centro de gravidade do problema da educação;
- todos os professores, mesmo os de ensino primário, devem ter formação acadêmica (PILETTI; PILETTI, 1991, p. 208).

O objetivo do manifesto era traçar diretrizes de uma nova política nacional de educação e ensino em todos os níveis, aspectos e modalidades e também transferir a solução dos problemas escolares do plano administrativo ao plano político-social, área em que a educação é realizada pela "[...] ação extensa e intensiva da escola sobre o indivíduo e deste sobre si mesmo" (MAGALDI, 2003, p. 56). Dessa forma, esses pontos gerariam uma evolução contínua, favorecida e estimulada por todas as forças organizadas de cultura e de educação. Além disso, destaca-se no manifesto a função social e eminentemente pública da educação, ao acentuar o papel do Estado no apoio à educação dada pela família. Assim, o Estado deve basear o trabalho da educação no apoio que a família dá à escola e na colaboração efetiva entre pais e professores, ao estabelecer relações entre essas duas forças sociais – a família e a escola. Outro aspecto fundamental é a chamada Escola Única, que contempla a educação integral mediante um plano geral de educação que torna a escola acessível a todos.

Então, 27 anos após o Manifesto dos Pioneiros da Educação Nova, foi elaborado um novo manifesto denominado "Mais uma vez convocados", no dia 1 de julho de 1959, redigido novamente por Fernando de Azevedo. Contou com 189 assinaturas, dentre as quais: Anísio Teixeira, Florestan Fernandes, Caio Prado Júnior, Sérgio Buarque de Holanda, Fernando Henrique Cardoso, Darcy Ribeiro e Álvaro Vieira Pinto. O manifesto enfatizava o posicionamento contra o discurso da Igreja Católica e reafirmava a educação como bem público e dever do Estado.

Anísio Teixeira e Lourenço Filho, mais do que personagens de uma luta

Os escolanovistas acirraram os ânimos e a reação dos católicos conservadores, ao defender a laicidade e a coeducação e ao combater a escola elitista e acadêmica tradicional sob a dominação da Igreja, para a qual somente a educação baseada em princípios cristãos era a verdadeira. Frente a esse clima conflituoso, dois educadores se destacaram por apresentarem suas convicções e lutas educacionais: Anísio Spínola Teixeira e Manuel Bergström Lourenço Filho.

"A educação é não somente a base da democracia, mas a própria justiça social." (Anísio Teixeira)

Anísio Teixeira aderiu rapidamente às ideias de democracia e de ciência, que apontavam a educação como o canal capaz de gerar as transformações necessárias à realidade brasileira e sua modernização.

> Como a escola visa a formar o homem para o modo de vida democrático, toda ela deve procurar, desde o início, mostrar que o indivíduo, em si e por si, é somente necessidades e impotências; que só existe em função dos outros e por causa dos outros; que a sua ação é sempre uma trans-ação com as coisas e pessoas; e que saber é um conjunto de conceitos e operações destinados a atender àquelas necessidades, pela manipulação acertada e adequada das coisas e pela cooperação com os outros no trabalho que, hoje é sempre de grupo, cada um dependendo de todos e todos dependendo de cada um (MARTINS, 2018, documento on-line).

O educador acreditava que as modificações da sociedade brasileira precisavam alterar também o homem, e esse papel deveria ser da escola que daria a esse "novo homem" uma visão democrática da vida, conforme Martins (2018). No que se refere ao novo estado das coisas, Anísio Teixeira costumava dizer que é "[...] fácil demonstrar como todos os pressupostos em que a escola se baseava foram alterados pela nova ordem de coisas e pelo novo espírito de nossa civilização"(MARTINS, 2018, documento on-line). Para ele, esse novo estado deveria estar associado a transformações materiais e mudança tanto da escola quanto daquele que dela participava. É importante assinalar que, conforme seu pensamento, o conhecimento das diferentes realidades escolares poderia dar início a uma sociedade mais justa e igualitária. E, diante disso, a figura do professor contribuiria de forma definitiva, uma vez que formava o homem e, logo, permitiria sua relação com o mundo.

Anísio Teixeira propalava propostas inovadoras que o sistema luta para implementar até hoje. Por exemplo: ele defendia uma escola de qualidade, pública, leiga, universal e gratuita a todas as crianças brasileiras, independentemente de raça, condição financeira ou credo. Além disso, o educador cria que a administração escolar jamais poderia ser equiparada à administração de empresa, dado que em educação, o alvo supremo é o educando, a **quem** tudo mais está subordinado; na empresa, o alvo central é o produto material, a **que** tudo mais está subordinado. Por suas ideias e lutas, Anísio Teixeira ganhou notoriedade de um lutador. Os cargos ocupados por ele foram determinantes para a difusão desses valores.

Saiba mais

Anísio Spínola Teixeira (Caetité, 12 de julho de 1900 – Rio de Janeiro, 11 de março de 1971) foi um jurista, intelectual, educador e escritor brasileiro.

> Personagem central na história da educação no Brasil, nas décadas de 1920 e 1930, difundiu os pressupostos do movimento da Escola Nova, que tinha como princípio a ênfase no desenvolvimento do intelecto e na capacidade de julgamento, em preferência à memorização. [...] Foi um dos mais destacados signatários do *Manifesto dos Pioneiros da Educação Nova*, em defesa do ensino público, gratuito, laico e obrigatório, divulgado em 1932. Fundou a Universidade do Distrito Federal, em 1935, depois transformada em Faculdade Nacional de Filosofia da Universidade do Brasil (SVOBODA, c2018, documento on-line).

"A escola tradicional não serve o povo e não o serve porque está montada para uma concepção social já vencida, senão morta de todo. A cultura, bem ou mal, vinha servindo os indivíduos que se destinavam às carreiras liberais, mas nunca às profissões normais de produção econômica." (Lourenço Filho)

Manuel Bergström Lourenço Filho foi protagonista do movimento escolanovista e defendia a ideia da escola "sob medida". Para ele, o interesse e as atividades dos alunos exercem papel decisivo na construção de uma "escola ativa". Em uma escola ativa, as turmas não seriam mais espaços em que os alunos tivessem que permanecer sempre em silêncio e sem comunicação entre si. Ao contrário: as turmas se tornariam pequenas sociedades que imprimiriam nos alunos atitudes favoráveis ao trabalho em comunidade.

Lourenço Filho questionava vigorosamente os moldes da educação da sua época e visualizava possibilidade de melhoria real da educação. O educador era empenhado em orientar a formação de professores voltada à prática em sala de aula e ao domínio das competências profissionais com o intuito de qualificação e equalização, uma vez que ele buscava proporcionar oportunidades iguais aos alunos de todo o país. Para isso, era necessário unificar os métodos, não apenas as pessoas.

Finalmente, a ação desses dois grandes educadores foi essencial na história da pedagogia brasileira porque representa a tomada de consciência da defasagem entre a educação e as exigências do desenvolvimento.

Saiba mais

Manuel Bergström Lourenço Filho (Porto Ferreira, 10 de março de 1897 – Rio de Janeiro, 3 de agosto de 1970) frequentou o ensino primário no interior de São Paulo e, após cursar a Escola Normal Secundária, formou-se professor. Estudou Medicina por dois anos e se inclinou à advocacia. Cursou a Faculdade de Direito de São Paulo, na qual levou quase 10 anos para se formar, já que sempre se envolvia com atividades paralelas no campo educacional.

Saiba mais

O Cederj é um consórcio formado por seis universidades públicas do Estado do Rio de Janeiro (UERJ, UENF, UNIRIO, UFRJ, UFF, UFRRJ) e um centro universitário (CEFET-RJ) em parceria com a Secretaria de Estado de Ciência, Tecnologia e Inovação do Rio de Janeiro. Dispõe documentos, informativos e revistas científicas que destacam o processo histórico da educação pública para além do Estado do Rio de Janeiro. Acesse o site do Cederj no link a seguir.

https://goo.gl/Txl4fz

Como destacaram os dois educadores citados, as mudanças estruturais de uma sociedade ocorrem por meio de uma ação educativa. Uma vez que as relações do aluno com o meio e os processos educativos sejam devidamente centrados, a noção de cidadania será promovida e ampliada. Então, os saberes das diferentes áreas do conhecimento servirão de aporte a uma sociedade que caminha em direção à democratização e ao fim dos preconceitos, em uma luta que é de todos.

Referências

ARANHA, M. L. A. *História da educação*. São Paulo: Moderna, 1996.

AZEVEDO, F. et al. *Manifesto dos pioneiros da educação nova (1932) e dos educadores (1959)*. Recife: Fundação Joaquim Nabuco; Massangana, 2010. Disponível em: <http://www.dominiopublico.gov.br/download/texto/me4707.pdf>. Acesso em: 04 jun. 2018.

CARVALHO, F. Lourenço Filho. 2011. Disponível em: <http://frankvcarvalho.blogspot.com/2011/10/lourenco-filho.html>. Acesso em: 05 jun. 2018.

FINCATTI, L. A. *Formação e atuação do educador no município de Guarujá – 1891 a 1950*. 123 p. Dissertação (Mestrado em Educação) – Universidade Católica de Santos, Guarujá, 2009. Disponível em: <http://biblioteca.unisantos.br:8181/bitstream/tede/184/1/Lellis.pdf>. Acesso em: 04 jun. 2018.

LOURENÇO FILHO, M. B. *Introdução ao estudo da escola nova*. São Paulo: Melhoramentos, 1978.

MAGALDI, A. M.; GONDRA, J. G. (Orgs.). *A reorganização do campo educacional no Brasil*: manifestações, manifestos e manifestantes. Rio de Janeiro: 7 Letras, 2003.

MALAGGI, V. *Imbricando projetos de ensino-aprendizagem e tecnologias digitais de rede*: busca de re-significações e potencialidades. Dissertação (Mestrado em Educação) – Faculdade de Educação, Universidade de Passo Fundo, 2009.

MARTINS, M. L. *Anísio Teixeira*: um grande empreendedor da educação. Disponível em: <http://www.educacaopublica.rj.gov.br/biblioteca/educacao/0069_02.html>. Acesso em: 04 jun. 2018.

PILETTI, C.; PILETTI, N. *Filosofia e história da educação*. 9. ed. São Paulo: Ática, 1991.

SVOBODA, M. *Frases de Anísio Teixeira*. c2018. Disponível em: <https://citacoes.in/autores/anisio-teixeira/>. Acesso em: 04 jun. 2018.

Leituras recomendadas

FARIA FILHO, L. M. (Org.) *Pensadores sociais e história da educação*. 3. ed. Belo Horizonte: Autêntica, 2011.

FAUSTO, B. *A Revolução de 30*: historiografia e história. São Paulo: Brasiliense, 2000.

FERNANDES, F. *Educação e sociedade no Brasil*. São Paulo: Dominus; EDUSP, 1966.

FRIZANCO, O. *História da Revolução de 30 em Jaguariaiva*. 2. ed. Curitiba: [s.n.], 2016.

HILSDORF, M. L. S. *História da educação brasileira*: leituras. São Paulo: Cengage Learning, 2003.

XAVIER, L. N.; PINHEIRO, J. G. R. Da Lab School de Chicago às escolas experimentais do Rio de Janeiro dos anos 1930. In. *História da Educação* (On-line), v. 20, n. 50, p. 177-191, set./dez. 2016. Disponível em: <http://seer.ufrgs.br/index.php/asphe/article/view/62397/pdf>. Acesso em: 04 jun. 2018.

Escola e ensino durante a Ditadura Militar no Brasil

Objetivos de aprendizagem

Ao final deste texto, você deve apresentar os seguintes aprendizados:

- Identificar as características do ensino durante a Ditadura Militar no Brasil.
- Relacionar as mudanças impostas pelo autoritarismo à reforma tecnicista do ensino.
- Examinar as mudanças ocasionadas pelas reformas educacionais (Lei nº. 5.540/68 e Lei nº. 5.692/71).

Introdução

Neste capítulo, você conhecerá a organização educacional durante a Ditadura Militar, relacionará a economia mundial com as propostas ao ensino e conhecerá os argumentos usados pelos governos militares para submeter as diretrizes da escola ao mercado de trabalho e ao contexto político internacional. Além disso, serão destacadas as estratégias usadas pelos três governos militares do período e o reflexo imediato na Educação, principalmente no que se refere às leis que fundamentaram a reforma educacional.

Você também identificará transformações executadas na escola e na universidade e saberá como a sociedade e, especialmente, o movimento estudantil reagiram a essas mudanças. Por fim, conhecerá o conteúdo da Lei nº. 5.540/68 e da Lei nº. 5.692/71 e as importantes especificações para o entendimento do contexto social.

O ensino no período da Ditadura Militar

Com a ascensão dos militares ao poder em 1964, a Educação, que já sofria influências da consolidação de um modelo urbano industrial e dos reflexos da guerra fria, passou a ser o foco da adequação nacional do modelo econômico que tendia à internacionalização e controle estrangeiro, conforme Aranha (1996). O golpe militar pretendia aproveitar o capital estrangeiro, que sempre considerou o Brasil um mercado a ser explorado, seja pelo consumo, manufatura ou mão de obra. Assim, para garantir o alinhamento do sistema educacional ao movimento político que se instaurava, o governo militar implementou reformas que atrelavam a escola ao mercado de trabalho. Uma conjuntura foi instaurada por diversas variáveis, dentre: a crise mundial da economia capitalista, que colocou o Brasil a repensar sua "vocação agrícola", conforme afirma Saviani (1988); a crise do café, o movimento de industrialização que passou a mover o nacionalismo; a burguesia nacional (representada pelos empresários), que passou a conduzir o movimento, já que eram os mais interessados na troca do poder que estava nas mãos das oligarquias rurais. Nesse contexto, os empresários internacionais ficam interessados no processo, uma vez que o mercado brasileiro ofertava incentivos fiscais, doação de áreas necessárias a instalação de indústrias, matéria-prima abundante e mão de obra barata.

Ghiraldelli Júnior (2005) comenta que os 21 anos de Ditadura Militar foram pautados por repressão, privatização do ensino, exclusão de grande parcela das classes populares e pelo desmantelamento do magistério, por meio de abundante e confusa legislação. Entre 1964 e 1968, por exemplo, foram firmados 12 acordos MEC-USAID (Ministério da Educação e Cultura e Agência dos Estados Unidos para o Desenvolvimento Internacional, do inglês United States Agency for International Development), que ligaram a política educacional brasileira às determinações dos técnicos estadunidenses. Um aspecto marcante dos acordos é a **abrangência** que atingiram em todos os níveis do sistema de ensino. O objetivo das determinações era organizar a educação brasileira a fim de atender a demanda e o contexto geral do capitalismo internacional. Abaixo, são apresentados quatro pontos que a USAID se esforçou para modificar, cruciais na estrutura e funcionamento da educação brasileira:

1. Níveis: primário, médio e superior.
2. Ramos: acadêmico e profissional.
3. Funcionamento:

a) Reestruturação administrativa
b) Planejamento
c) Treinamento
d) Controle do conteúdo (publicações e distribuição do material didático)

Romanelli (2002) esclarece que essas medidas apresentavam uma estrutura única: as demandas da sociedade não eram atendidas pelas propostas, cujo modelo não permitia adaptações; foram empregados órgãos centrais para tomada de decisão e administração educacional a fim de coordenar e executar os programas propostos, o que gerou profundo desconforto nas organizações estaduais de Educação; a maioria dos acordos sinalizava para uma análise parcial e tendenciosa dos problemas educacionais brasileiros, ao se valer da crise no sistema para justificar as mudanças.

Foi concebido um financiamento composto por três eixos relacionados à questão financeira:

- fornecimento de ajuda financeira;
- fornecimento de pessoal técnico estadunidense para prestação de assessoria;
- financiamento de pessoal brasileiro para participar de treinamento.

Essa ajuda financeira seria destinada para os assessores estadunidenses, para bolsas aos brasileiros em treinamento nos Estados Unidos e, caso necessário, para realização de experiências-pilotos de treinamento de pessoal. O financiamento de pessoal técnico estadunidense seria destinado à assessoria técnica, de planejamento e de proposição de programas de pesquisa. E o financiamento do pessoal brasileiro seria de responsabilidade do MEC e destinado aos brasileiros que trabalhariam com os técnicos estadunidenses (ROMANELLI, 2002).

Fonseca (2008) comenta que a escola ficou restringida ao lugar de transmissão de conhecimento e geralmente limitada a uma única fonte, o livro didático. Passos como esse faziam parte de um processo que visava à descaracterização das humanidades no currículo escolar que, consequentemente, desqualificava os professores. Além disso, outra ação do governo militar, em 1969, foi autorizar o funcionamento de cursos de curta duração e autorizar habilitações intermediárias em nível superior para atender a "carência de mercado" (FONSECA, 2008, p. 19).

Fique atento

Para a eficiência da estratégia desenvolvida entre o MEC-USAID, verificou-se a necessidade de treinar os responsáveis na preparação e execução dos planos estaduais de ensino. Essa determinação garantiria a implementação de um modelo único que desconsiderava as características locais dos estados e municípios brasileiros.

Ainda que a reformulação da estrutura e o funcionamento do ensino tenham sido impostos, esse foi o período em que transcorreram as maiores mobilizações populares, especialmente as dos estudantes. As iniciativas dos Movimentos de Educação de Base (MEB) e dos Centros de Cultura Popular (CCP), responsáveis por campanhas de alfabetização de adultos, são exemplos dessas mobilizações. Por sua vez, as organizações estudantis eram movimentos paralelos à organização regular escolar, em que os estudantes (principalmente os universitários) encontravam espaço para debater suas inquietações e elaborar reivindicações, conforme Saviani (1988). O autor salienta que os estudantes também lutaram pela ampliação das universidades, a principal forma de ascensão social. Por isso, houve forte pressão das camadas populares e do movimento estudantil pela democratização das universidades. Apesar disso, não houve modificações na política: os estudantes passaram, então, a realizar manifestações nos espaços universitários.

O ensino fundamental também passava por problemas. No projeto educacional das décadas de 1960 e 1970, a disciplina de História ensinada no ensino fundamental e médio foi modificada estrategicamente:

1. a diminuição dos conteúdos foi imposta;
2. as temáticas eram voltadas para Educação, Moral e Cívica (EMC);
3. as aulas de história mantidas pela organização curricular deveriam focar somente em fatos institucionais, em sequência cronológica;
4. a visão era eurocêntrica, e a cultura brasileira não deveria ser focada quando os mitos nacionais eram mencionados;
5. a ideia de integração nacional para o desenvolvimento econômico era ensinada (FONSECA, 2008).

O ensino de História nas escolas brasileiras, a partir do regime militar, era complementado por aulas de EMC, Organização Social e Política Brasileira (OSPB) e Estudos de Problemas Brasileiros (EPB), cuja finalidade era difundir os valores da sociedade dominante (FONSECA, 2008). A Lei n°. 5.692/71 decretou que essas disciplinas estariam presentes nos 1° e 2° graus, com vistas a "proporcionar a formação necessária ao desenvolvimento de suas potencialidades como elemento de autorregulação, qualificação para o trabalho e preparo para o exercício consciente da cidadania" (ROMANELLI, 2002, p. 235). Isso quer dizer que a lei tinha o propósito claro de um modelo específico de formação: a qualificação, em nível médio, voltada à profissionalização, de forma que o indivíduo se *autorrealizasse* na convivência com o meio e nas relações de trabalho. O termo *autorrealização* é entendido, atualmente, como um processo no qual "nenhum ato educativo é possível" (ROMANELLI, 2002, p. 236). Já a educação é um ato *coletivo* de humanização do homem que leva ao autoconhecimento e autodomínio, ou seja, "o homem passa agir, ou melhor, interagir nesse mundo, ao gerar um processo dialético, no qual o aprofundamento em si mesmo, é, ao mesmo tempo, causa e efeito de sua atuação sobre o meio" (ROMANELLI, 2002, p. 236).

As mudanças impostas pelo autoritarismo e a reforma tecnicista do ensino

Demerval Saviani (1988) faz uma análise do significado político das mudanças impostas pelos governos ditatoriais. Primeiramente, o autor chama a atenção a respeito do resultado proveniente das mudanças produzidas: a manutenção da ordem socioeconômica, cujo propósito era preservar a ascensão social da Educação, legitimar as diferenças e justificar privilégios. As elites conseguiram manter sua hegemonia por meio de concessões mútuas, em um pacto entre diferentes setores, que garantiria a continuidade do sistema de dominação. Tal pacto ainda é visível quando esferas não integradas ao pacto, especialmente trabalhadoras, passam a pressionar tais setores a fim de reivindicar espaço e direitos. A reforma tecnicista manteve o interesse elitista à ampliação do sistema, ao separar o ensino secundário do ensino profissional. O padrão de qualidade ficou garantido às elites nas instituições privadas com o ensino propedêutico. Às massas, coube o ensino técnico que garantiria as exigências do mercado de trabalho imposto pela política estadunidense. O cenário instaurado garantiu, prolongou e perpetuou a hegemonia da sociedade política (SAVIANI, 1988). No entanto, irrompeu grande politização de debates e práticas pedagógicas no setor educacional.

Ficou patente que não havia interesse, na proposta de reforma tecnicista, de realizar a superação da dicotomia entre trabalho manual e trabalho intelectual. A Lei nº. 5.692/71, inicialmente liberal (humanista moderna), se revela uma prática tecnicista com ênfase quantitativa nos métodos (técnicas), e não nos fins (ideais) e na autonomia, necessária para o desenvolvimento do indivíduo na sociedade. As mudanças impostas valorizam, ainda hoje, a formação profissional em detrimento de uma formação para a cultura geral.

Outro importante aspecto a apontar é o da ampliação da escolaridade, que passou de quatro para oito anos. No entanto, uma vez que os índices de analfabetismo e de baixa escolaridade ainda prevaleciam, essa alteração foi considerada uma falácia. Para os movimentos populares, uma proposta eficaz seria relativa à erradicação do analfabetismo e a meios concretos de aumentar a escolaridade. Já a aplicação um modelo empresarial na Educação adaptado às exigências da sociedade industrial e tecnológica acabou por se mostrar um retumbante fracasso, uma vez que o resultado visível foi a baixa qualidade da mão de obra. Consequentemente, o mercado de consumo se voltou para setores sociais mais ricos e, por fim, o mercado mundial passou a restringir a economia brasileira (GHIRALDELLI JÚNIOR, 2003). Para o autor, o maior erro da reforma tecnicista foi a transformação da escola normal para formação de professores em ensino técnico em formação de professores para as quatro séries iniciais do ensino básico (na "habilitação magistério"), tido como um golpe à formação de professores.

As disciplinas História e Geografia foram reduzidas para dar espaço a disciplinas de formação especial (FONSECA, 2008), de forma que o currículo tivesse uma base comum de conhecimentos. O modelo curricular que se seguiu deslegitimava os saberes históricos e era influenciado pelos teóricos reprodutivistas: "A escola passa a ser considerada como aparelho de reprodução de valores e ideias da classe dominante, e o ensino de história, como mero veículo de reprodução de memória do vencedor" (FONSECA, 2008, p. 33).

Em termos de currículo, as leis e pareceres moldaram os currículos de 1º e 2º graus e desenvolveram um modelo metodológico atribuído a atividades, áreas de estudo e disciplinas. O 1º grau, por exemplo, exercia a função de sondagem de aptidões. Atividades no 1º grau enfocavam experiências vividas, e as áreas de estudo seriam construídas pela integração de áreas afins. Já os conhecimentos sistematizados das disciplinas deveriam predominar apenas no 2º grau. As disciplinas do núcleo comum foram fixadas pelo Conselho Federal de Educação que considerou os chamados conteúdos mínimos, dentre eles, as disciplinas de Educação Moral e Cívica, Educação Física, Educação Artística e Programas de Saúde. O 2° grau oferecia tipos e quantidades distintas de disciplinas, conforme o curso disponibilizado.

Essa conjuntura resultou em um currículo veiculador de "ideologias, propostas culturais e pedagógicas com grande poder de penetração na realidade escolar" (FONSECA, 2008, p. 33). Segundo o autor, numerosos princípios desse projeto estão inalterados nos currículos e programas até hoje, cujo resultado dessa política aplicada na Educação durante a Ditadura Militar continua a afetar a escola.

Saiba mais

Os anos de 1967 e 1968 foram marcados por marcantes enfrentamentos dos estudantes. Muitos foram mortos e/ou presos. Ainda assim, as passeatas continuavam a acontecer. Dois episódios do movimento estudantil foram memoráveis: a "Batalha da Rua Maria Antônia", onde estudantes de Filosofia da USP entraram em conflito com os estudantes do Mackenzie, favoráveis ao governo ditatório. Outro grande marco foi o XXX Congresso da UNE, quando aproximadamente 800 estudantes foram presos (SANFELICE, 2008).

Reformas educacionais — as principais leis que modificaram a estrutura da Educação brasileira

Durante o período da Ditadura Militar (1964-82), a universidade brasileira recebeu impulso considerável. Nesse período, foram promulgadas duas leis essenciais à Educação orientadas pelos princípios militares: a Lei nº. 5.540/68, que tratou do ensino superior e estabeleceu modificações substanciais na Lei de Diretrizes e Bases (LDB) de 1961, e a Lei nº. 5.692/71, que apresentou dispositivos para alterações no ensino fundamental e médio:

O significado da Lei nº. 5.540/68

A Lei nº. 5.540/68, que trata do ensino superior, foi promulgada rapidamente, por meio da criação, ainda em 1968, de um grupo de trabalho que apresentou um estudo, cuja origem foi uma proposta que atendia às demandas do novo cenário econômico e político. O estudo deveria garantir a "eficiência, modernização e flexibilização administrativa da universidade brasileira, com vistas à formação de recursos humanos de alto nível para o desenvolvimento do país" (SAVIANI, 1988, p. 81). O resultado do trabalho foi a produção da lei que expressou marcadamente a força de uma tendência pedagógica articulada à posição político-militar (RIBEIRO, 2003). A Lei nº. 5.540/68 expressou os princípios do regime militar de 1964 por se ajustar perfeitamente ao modelo econômico almejado, conforme Saviani (1988). O movimento precisava de ampliação e fortalecimento dos setores médios para que fosse possível atender a demanda que surgia com a expansão da produção de bens de consumo duráveis.

As modificações no ensino superior incluíram:

- unificação do vestibular por universidade e região com classificação e extinção da cátedra;
- introdução do regime de tempo integral e dedicação exclusiva aos professores;
- consolidação da estrutura de departamento que dividiu o curso de graduação em duas vertentes distintas: ciclo básico e ciclo profissional;
- criação do sistema de créditos por disciplinas;
- instituição da periodicidade semestral.

O primeiro problema relacionado à lei, que exemplifica o objetivo de desmantelar a universidade, foi a imposição da implementação. A rapidez do seu avanço sem qualquer participação popular gerou grande desconforto, já que as medidas dificultariam ainda mais o acesso ao ensino superior, conforme observa Ghiraldelli Júnior (2003). O vestibular unificado e classificatório, por exemplo, aparentemente resolvia o problema de excedentes – candidatos aprovados por alcançarem a nota mínima, mas que não conseguiam vaga. Na verdade, esse método simplesmente retirou qualquer direito à vaga conquistada. Outro problema foi a departamentalização com intuito burocratizante: a ideia estratégica de reunir pesquisadores da mesma área gerou a criação de um departamento – uma estrutura burocrática – dentro da faculdade – outra estrutura burocrática. Assim, sucessivamente: os cursos foram subdivididos em disciplinas e também em créditos, o que tornou o curso fragmentado e submetia os estudantes a seguir horários disciplinares que não permitiam tempo livre nem outras atividades acadêmicas. A Ditadura Militar também alavancou diversas mudanças no ensino superior: professores e pesquisadores experientes foram aposentados e não houve contratação de novos docentes; reitores foram demitidos e, em seu lugar, foram nomeados interventores da ditadura; e a autonomia administrativa e financeira foi restringida. Além disso, o controle policial se estendeu aos currículos e aos programas das disciplinas, conforme salienta Cunha (2000).

A reforma universitária passou por duas fases (ROMANELLI, 2002). A princípio, o governo defendeu os interesses dos grupos conservadores (os quais defendiam as cátedras), que seriam os responsáveis por defender o movimento junto a outros professores e ao movimento estudantil. Depois, a ditadura mudou de ideia, ao perceber que a escola superior não modificava nem ameaçava o *status quo*. Pelo contrário, a modernização da universidade determinada por ela ajudaria o desenvolvimento econômico. Dessa forma, o governo cedeu às pressões e acabou assumindo a responsabilidade de inovação.

Teoricamente, o modelo proposto pretendia nacionalizar a administração da universidade, deixar sua estrutura mais moderna e adequá-la as exigências do mercado. No entanto, a medida aumentou o controle dos órgãos centrais sobre a vida acadêmica e estabeleceu um controle externo dos órgãos federais, como aponta Romanelli (2002). A liberdade de conduzir a administração foi eliminada: decisões antes tomadas pelas próprias universidades passaram a ser geridas por instâncias superiores, a exemplo do modelo de seleção para entrada na universidade.

Saiba mais

Conheça os professores que atuaram na Educação e na política durante a Ditadura Militar:
- **Florestan Fernandes:** sociólogo, educador e político brasileiro.
- **Anísio Teixeira:** jurista, educador e escritor brasileiro.
- **Darcy Ribeiro:** antropólogo, educador, romancista e político brasileiro.

O significado da Lei n°. 5.692/71

A Lei n°. 5.692/71, que tratava do ensino fundamental e do colegial, foi implementada durante o período de maior repressão e ao mesmo tempo que grupos da população estavam contentes com o "milagre econômico". Conforme Ghiraldelli Júnior (2003), professores apoiaram a implementação da lei, influenciados pelas propagandas governamentais e porque acreditavam que o ensino no 2° grau seria de fato profissionalizante. O projeto de lei, composto por quatro artigos, decorreu de estudos produzidos por um grupo de trabalho, cujo objetivo era estudar, planejar e propor medidas para a atualização e expansão do ensino fundamental e do colegial (ensino médio). O primeiro artigo do projeto alertava que o grupo de trabalho deveria ser composto por nove membros; o segundo artigo seria designado pelo Ministro da Educação e Cultura; o terceiro estabelecia o prazo de 60 dias para a conclusão dos trabalhos; e o quarto apenas informava que o decreto entraria em vigor na data da publicação e revogava as disposições em contrário (SAVIANI, 1988). Para a efetivação da proposta da Lei nº. 5.692/71, uma drástica mudança de estrutura, bem como modernização, reorganização e programação foram necessárias, uma vez que o currículo deveria atender a três áreas econômicas: primária (agropecuária), secundária (industrial) e terciária (de serviços). Aranha (1996) comenta que havia cerca de 130 habilitações para que essa demanda fosse atendida. É preciso ressaltar que essa lei representou o encerramento de um trabalho de organização política que ajustava a educação brasileira à ordem socioeconômica imposta pelas políticas estadunidenses. Assim, é possível para cada nível educacional fazer uma reflexão e uma comparação com a proposta que foi abandonada. No que se refere ao ensino de 1º grau, tendeu-se por uma redação condensada da nova proposta: foram removidas especificações quanto à formação de crianças e adolescentes (SAVIANI, 1988) e foi proposta obrigatoriedade de oito anos no 1º grau. No entanto, a obrigatoriedade não foi efetivada, já que não havia suficiente contingente de professores nem infraestrutura que atendesse às demandas.

De modo geral, a Lei nº. 5.692/71 buscava aprimorar a escolarização do trabalhador que atenderia às solicitações da industrialização crescente. Era preciso garantir treinamento suficiente para o indivíduo que manipularia técnicas de produção, e que, inclusive, fosse incentivado a melhorá-las. Romanelli (2002) expõe algumas incoerências da lei:

1. A incoerência da ampliação para oito anos do ensino, cujo objetivo foi introduzir antecipadamente o jovem ao mercado de trabalho: essa medida exigia acréscimo de recursos para sua execução. O problema se agravou ao aplicá-la na zona rural, com demasiado isolamento escolar e dificuldade de integrá-la a recursos humanos e materiais.

2. O currículo, principalmente do 2º grau, cujas disciplinas obrigatórias foram implementadas a partir de três áreas complicadas para a escola administrar: a primeira área fixou as disciplinas do núcleo comum (já mencionado); a segunda área foi fixada pela lei; e a terceira área estabeleceu a formação especial e habilidades necessárias para a formação profissional. Esse tipo de organização permitia uma margem

muito pequena de organização para a comunidade escolar, de forma que não seria possível estabelecer uma adaptação à realidade local (ROMANELLI, 2002).

3. A profissionalização em nível médio supunha que o estudante decidisse precocemente que profissão exerceria. Aos olhos de estudiosos, essa seria uma forma de amenizar a crise no sistema universitário, uma vez que o estudante sairia do colegial e já entraria no mercado de trabalho. Autores como Romanelli (2002) observam que o desvio da demanda não aconteceu: o egresso do sistema continuava sendo um candidato ao ensino superior.

Finalmente, além da perspectiva da construção de uma organização escolar competente e de recursos financeiros necessários a uma orientação teórico-pedagógica eficaz, a raiz de todo problema foi a submissão da sociedade brasileira ao interesse do capitalismo internacional. Essa submissão beneficiou apenas uma pequena parcela da população, partidária aos interesses de manutenção da ordem vigente.

Referências

ARANHA, M. L. A. *História da educação*. 2. ed. São Paulo: Moderna, 1996.

CUNHA, L. A. Ensino superior e universidade no Brasil. In: TEIXEIRA, E. M. et al. (Org.). *500 anos de educação no Brasil*. 2. ed. Belo Horizonte: Autêntica, 2000. p. 151-204.

FONSECA, S. G. *Didática e prática de ensino de história*: experiências, reflexões e aprendizado. Campinas: Papirus, 2008.

GHIRALDELLI JÚNIOR, P. *Filosofia e história da educação brasileira*. São Paulo: Manole, 2003.

GHIRALDELLI JÚNIOR, P. *História da educação brasileira*. São Paulo: Cortez, 2005.

RIBEIRO, M. L. S. *História da educação brasileira*: a organização escolar. 19. ed. Campinas: Autores Associados, 2003.

ROMANELLI, O. O. *História da educação no Brasil*: 1930/1973. 27. ed. Petrópolis: Vozes, 2002.

SANFELICE, J. L. O movimento civil-militar de 1964 e os intelectuais. *Cad. Cedes*, Campinas, v. 28, n. 76, p. 357-378, set./dez. 2008. Disponível em: <http://www.scielo.br/pdf/ccedes/v28n76/a05v2876.pdf>. Acesso em: 15 jun. 2018.

SAVIANI, D. *Política e educação no Brasil*: o papel do congresso nacional na legislação do ensino. 2. ed. São Paulo: Cortez, 1988.

Leituras recomendadas

ACADEMIA BRASILEIRA DE LETRAS. *Biografia Darcy Ribeiro*. _____, Rio de Janeiro, [201?]. Disponível em:<http://www.academia.org.br/academicos/darcy-ribeiro/biografia>. Acesso em: 15 jun. 2018.

ARNS, P. E. *Brasil*: nunca mais. Editora: Vozes, 1995.

CÂMARA DOS DEPUTADOS. *Biografia Florestan Fernandes* - PT/SP. _____, Brasília, DF, [201?]. Disponível em: <http://www2.camara.leg.br/deputados/pesquisa/layouts_deputados_biografia?pk=106601&tipo=0>. Acesso em: 15 jun. 2018.

UNIVERSIDADE DE BRASÍLIA. *Ex-reitores*: Anísio Teixeira. _____, Brasília, DF, [2016]. Disponível em:<https://www.unb.br/estrutura-administrativa/reitoria/2-publicacoes/632-ex-reitores>. Acesso em: 15 jun. 2018.

Contribuições do pensamento pedagógico crítico e progressista

Objetivos de aprendizagem

Ao final deste texto, você deve apresentar os seguintes aprendizados:

- Analisar as principais ideias do pensamento crítico de Bourdieu e Giroux.
- Reconhecer a importância da teoria de Paulo Freire para a educação brasileira.
- Examinar as propostas de Rubem Alves e Demerval Saviani para a educação.

Introdução

Neste capítulo, você vai estudar a tendência pedagógica progressista, especificamente com o pensamento pedagógico crítico e o pensamento pedagógico progressista. Vai conhecer algumas concepções e ideias, bem como os principais pensadores que ajudaram na organização dessa tendência em termos mundial e brasileiro. Como expoentes do pensamento pedagógico crítico, destacamos Pierre Bourdieu e Henry Giroux, e no Brasil, trazendo as contribuições do pensamento pedagógico progressista, vamos conhecer e estudar Paulo Freire, Rubem Alves e Demerval Saviani.

Pedagogia crítica e progressista

A pedagogia crítica e a pedagogia progressista são pensamentos pedagógicos construídos seguindo uma linha filosófica relacionada a um descontentamento político que se instaurou na sociedade a partir da segunda metade do século XX. Gadotti (2004) menciona os sociólogos franceses, entre eles Pierre Bourdieu, como os teóricos responsáveis por influenciar o pensamento pedagógico brasileiro. O movimento no Brasil teve a participação de nomes importantes, como Paulo Freire e Demerval Saviani, que, seguindo a linha europeia, partiram de uma análise crítica das realidades sociais brasileiras e defenderam as finalidades sociopolíticas da educação (LIBÂNEO, 2006).

Enquanto tendência pedagógica, não existe uma organização única para os movimentos brasileiros, a única questão unânime é a divisão entre liberal e progressista. Dentro do movimento liberal e do movimento progressista, existem diferentes modos de dividir as tendências, as quais os pesquisadores organizam com denominações diferentes, ainda que as finalidades e questões objetivas da tendência sejam muito próximas.

No Quadro 1, há uma organização de Libâneo (2006), na qual as tendências pedagógicas foram classificadas em liberal e progressista seguindo uma relação com condicionantes sociopolíticos. No primeiro grupo, estão incluídas a tendência "tradicional", a "renovada progressivista", a "renovada não diretiva" e a "tecnicista". No segundo, a tendência "libertadora", a "libertária" e a "crítico-social dos conteúdos".

Quadro 1. Classificação das tendências pedagógicas

Tendências pedagógicas	
Pedagogia liberal	Pedagogia progressista
Tradicional	Libertadora
Renovada progressiva	Libertária
Renovada não diretiva	Crítica social dos conteúdos
Tecnicista	

Fonte: Adaptado de Libâneo (2006, p. 21).

Fique atento

A pedagogia liberal não tem relação com prática avançada, mas com o sistema capitalista, que, ao defender a liberdade e os interesses individuais na sociedade, estabeleceu uma forma de organização baseada na sociedade privada ou sociedade de classes. Muitos professores não se dão conta dessas influências em suas práticas (LIBÂNEO, 2006).

Seguindo a organização de Libâneo (2006), encontramos a pedagogia crítica dentro da Tendência Progressista, com a denominação de "crítico-social dos conteúdos", e a progressista, que também está na tendência progressista, e localizamos a junção da "pedagogia progressista libertadora" e a "pedagogia progressista libertária". Existem algumas pequenas diferenças entre as duas pedagogias, mas os objetivos comuns seguramente são os mesmos. As tendências progressistas libertadora e libertária têm, em comum, a defesa da autogestão pedagógica e o antiautoritarismo. A tendência progressista libertadora se difere porque é conhecida como a pedagogia de Paulo Freire e tem um vínculo um pouco mais forte com a educação e a luta e a organização de classe do oprimido.

A pedagogia crítica, conhecida como crítico-social dos conteúdos ou pedagogia histórica-crítica, busca:

> Construir uma teoria pedagógica a partir da compreensão de nossa realidade histórica e social, a fim de tornar possível o papel mediador da educação no processo de transformação social. Não que a educação possa por si só produzir a democratização da sociedade, mas a mudança se faz de forma mediatizada, ou seja, por meio da transformação das consciências (ARANHA, 1996, p. 216).

A pedagogia crítica pode ser constituída pelo pensamento de Bourdieu–Passeron, Baudelot–Estable e por Giroux (GADOTTI, 2004). No Brasil, temos como referência o nome de Demerval Saviani. Já o pensamento pedagógico progressista, entendido como uma linha brasileira, é composto de vários pensadores, mas aqui destacamos Paulo Freire e Rubem Alves.

Conforme Libâneo (2006, p. 18), a palavra "progressista" designa "[...] as tendências que, partindo de uma análise crítica das realidades sociais, sustentam implicitamente as finalidades sociopolíticas da educação". A pedagogia progressista coloca os conteúdos em confronto com as realidades sociais, por isso entra em confronto com os ideais de uma sociedade capitalista. Libâneo (2006) apresenta a pedagogia progressista em três tendências: a libertadora, a libertária e a crítico-social dos conteúdos.

Fique atento

Não confunda a pedagogia progressista com a tendência progressista. A pedagogia progressista, em termos de denominação, pode ficar subdividida em progressista libertária, progressista libertadora e progressista crítico-social dos conteúdos (SAVIANI, 2011).

Pierre Bourdieu

Pierre Félix Bourdieu nasceu em 1930, na França. Sociólogo, foi docente na École de Sociologie du Collège de France até morrer, em 2002. Bourdieu e Passeron desenvolveram a teoria da reprodução baseada no conceito de violência simbólica (GADOTTI, 2004). Segundo os sociólogos, toda ação pedagógica é objetivamente uma violência simbólica enquanto imposição, por poder arbitrário (arbitrariedade é a cultura dominante).

O ponto de partida para a análise de Bourdieu é a relação entre o sistema de ensino e o sistema social (GADOTTI, 2004). Na concepção de Bourdieu, o sistema escolar realiza o que entende como correto ou verdadeiro, que é o essencial (ORTIZ, 1983). O que a escola comunica é adquirido também pela inoculação dos saberes ou da própria organização da escola, ou seja, por meio da hierarquia das disciplinas, dos exercícios, das atividades realizadas na escola. A educação opera para além das necessidades da transmissão, o que também permite levar a ordem do discurso quase sistemático das preferências da sociedade. Assim, o sistema escolar torna possível o domínio simbólico (mais ou menos adequado) dos princípios da sociedade, que acaba, na sequência, sendo reforçada pela "ação pedagógica primária" que acontece no aparelho ideológico representado pela família.

A cultura das classes superiores para Bourdieu, segundo Gadotti (2004), estaria tão próxima da cultura da escola que a criança originária de um meio social inferior não poderia adquirir a mesma formação cultural dada aos filhos de classe alta. Portanto, segundo o sociólogo francês, para as crianças de classe inferior, a aprendizagem da cultura escolar é uma conquista muito difícil de alcançar.

Bourdieu (2013) afirma que existem mecanismos de eliminação durante a vida na escola, e, segundo o sociólogo, a criança oriunda de classes mais baixas aprende esses mecanismos e acaba entendendo que para chegar ao ensino superior precisa superar o processo de seleção direto e indireto. Ou seja, ao longo da escolaridade, o rigor desigual pesa de maneira diferente sobre sujeitos de diferentes classes sociais.

> Um jovem de camada superior tem oitenta vezes mais chance de entrar na universidade do que o filho de um assalariado agrícola e quarenta vezes mais que o filho de um operário, e suas chances são, ainda, duas vezes superiores àquelas de um jovem de classe média (BOURDIEU, 2013, p. 45).

Giroux

Henry Giroux, nascido em 1943, atuou como professor secundarista no início de sua carreira. Passando à universidade, dedicou-se ao estudo da sociologia da educação. Segundo Gadotti (2004), propôs uma visão inspirada na escola de Frankfurt, na qual trata de modo dialético os dualismos: homem e estrutura; conteúdo e experiência; dominação e resistência. Sua visão é mais entusiasmada, diferente de outros pensadores de esquerda que são bastante pessimistas. Giroux entende a escola como veículo de democracia e mobilidade social, além de um local político e cultural.

Quanto ao professor, Giroux (1997) entende que qualquer tentativa de reformular seu papel deve se iniciar com uma questão mais ampla, que é reavaliar o propósito da escolarização. Para o autor, as escolas precisam ser encaradas como espaços públicos onde os estudantes aprendem o conhecimento e as habilidades necessárias para viver em uma democracia autêntica. Para Giroux (1997), a atividade docente deve ser repensada e reestruturada a fim de encarar o professor como um intelectual transformador. A categoria intelectual oferece base teórica para examinar a atividade contrastando com termos puramente técnicos, além de "[...] esclarecer o papel que os professores desempenham na produção e legitimação de interesses políticos, econômicos e sociais através das pedagogias por eles endossadas e utilizadas" (GIROUX, 1997, p. 161).

Há muita influência de Paulo Freire na produção de Giroux, que entende a representatividade da obra como uma alternativa renovadora e politicamente viável, reconhecendo o trabalho proposto por Freire sendo composto de uma linguagem crítica e uma linguagem de possibilidades. Para Giroux (1997), isso demonstra que há possibilidades de superação da dominação, podendo, inclusive, gerar possibilidades de mudança, transformação e emancipação; significa, então, ser possível uma pedagogia crítica da educação.

Giroux entendia que Bourdieu apresentava uma versão de dominação na qual o ciclo de reprodução das classes sociais parece inquebrável. Enquanto o discurso sobre escola de Bourdieu (2013) não encontra espaço para processos de resistência, em Giroux (1997) os conceitos de conflito e resistência são centrais para a análise das relações escola-sociedade dominante.

Pedagogia Paulo Freire

Paulo Reglus Neves Freire, conhecido como Paulo Freire e nascido em Recife, em 1921, foi um educador, pedagogo e filósofo que influenciou as ideias pedagógicas do Brasil e do mundo. Faleceu em 1997, deixando marcas no pensamento pedagógico do século. A principal obra de Paulo Freire é a *Pedagogia do oprimido*, de 1970, traduzida para 18 línguas. A tendência pedagógica libertadora, também conhecida como a pedagogia de Paulo Freire, está vinculada à educação e à luta e à organização de classe do oprimido.

Segundo Gadotti (1988), Paulo Freire não considera o papel informativo o ato de conhecimento na relação educativa, mas insiste que o conhecimento não é suficiente, se não for permitido ao oprimido adquirir uma nova estrutura do conhecimento, na qual possa reelaborar e reordenar os próprios conhecimentos e apropriar-se de outros. Libâneo (2006) reconhece o caráter essencialmente político da pedagogia de Paulo Freire, e comenta que, segundo o próprio autor, a prática dela no sistema educacional depende da transformação da sociedade. Nesse sentido, a aplicação do método acontece mais em âmbito da educação extraescolar; a ideia é mais profunda.

Girox (1997) observa que a educação na concepção de Paulo Freire vai além da noção de escolarização. As escolas são um local importante no qual ocorre a educação, as produções sociais e pedagógicas específicas. A educação, assim, é vista tanto como uma luta por significado quanto como uma luta em torno das relações de poder. O principal objetivo deve ser a:

> [...] relação dialética entre indivíduos e grupos que vivem suas vidas, por um lado, dentro de condições históricas e limitações estruturais específicas e, por outro, dentro de formas e ideologias culturais que dão origem as contradições e as lutas que definem as realidades vividas das várias sociedades (GIROUX, 1997, p. 147).

Em termos de pedagogia, Freire é responsável pelo conceito "bancário" da educação, em que o aluno é visto como uma conta vazia a ser preenchida pelo professor. No livro *Pedagogia do oprimido* (FREIRE, 1987), faz observações sobre a maneira de transformar os alunos em objetos receptores como uma tentativa de controlar o pensamento e a ação. As ideias de Freire podem ser conhecidas em uma bibliografia vasta. Alguns de seus principais livros são: *Educação como prática da liberdade* (2000), *Extensão ou comunicação?* (2001), *Ação cultural para a liberdade e outros escritos* (2007) e *Cartas a Guiné-Bissau: registros de uma experiência em processo* (1984).

O livro *Educação como prática da liberdade* (FREIRE, 2000), aborda o método de alfabetização de adultos enfatizando o desenvolvimento da consciência crítica. Segundo Freire (2000), quanto menos criticidade entre os educadores, mais ingenuamente tratam os problemas e discutem superficialmente os assuntos. As relações que se constroem entre detentores de conhecimento, ou supostos detentores de conhecimentos, com pessoas que supostamente não têm conhecimento é o tema do livro *Extensão ou comunicação?*, Freire (2001) enfoca, usando como exemplo o agrônomo e camponês, a falta de diálogo em uma situação de relacionamento em que prevalece o sentimento de superioridade por parte do suposto detentor de conhecimento, e, assim, acaba gerando um embate entre a técnica e a prática, o qual acompanha a dicotomia agrônomo e camponês.

A questão da prática educativa estar relacionada com a concepção de ser humano e mundo é o tema do livro *Ação cultural para a liberdade e outros escritos* (2007), no qual Freire exemplifica essa colocação quando se refere à escolha do material usado na alfabetização, significando que reflete a sensibilidade de entender o grupo de indivíduos que usará o material. Segundo o educador, o educando precisa assumir um papel de sujeito criador do próprio processo educativo, pois o aprendizado da técnica por si só não o faz um sujeito alfabetizado. Outro livro recomendado é *Cartas a Guiné-Bissau: registros de uma experiência em processo*, no qual Freire (1984) relata como foi a experiência na Guiné, e trata da pedagogia da libertação.

A proposta de Paulo Freire é um marco na história pedagógica brasileira e da América Latina. Com um conjunto de ideias pautadas na concepção de educação popular, cabe destacar seu compromisso com os oprimidos e os excluídos de um sistema elitista (FEITOSA, 1999).

> Num contexto de massificação, de exclusão, de desarticulação da escola com a sociedade, Paulo Freire dá sua efetiva contribuição para a formação de uma sociedade democrática ao construir um projeto educacional radicalmente democrático e libertador (FEITOSA, 1999, p. 27).

Saiba mais

Paulo Freire é o educador brasileiro mais conhecido no mundo, com obras traduzidas em diversos idiomas. Suas ideias mostram uma educação transformadora que busca conscientizar sobre o significado do ato de ler.

> O processo de aprendizagem na alfabetização de adultos está envolvido na prática de ler, de interpretar o que leem, de escrever, de contar, de aumentar os conhecimentos que já têm e de conhecer o que ainda não conhecem, para melhor interpretar o que acontece na nossa realidade (FREIRE, 1989, p. 48).

Podemos encontrar exemplos da contribuição da proposta de Paulo Freire para a educação brasileira e do mundo em todos os seus trabalhos, e, em primeiro lugar, na contraposição à educação neoliberal, que prega a despolitização da educação. Freire considera a politicidade nos processos educacionais por entender que os problemas na escola não são somente técnicos ou pedagógicos, mas têm caráter político e econômico (FEITOSA, 1999). Outra contribuição é a contraposição da visão tecnicista. Para Freire, era preciso romper radicalmente com a educação elitista que leva os educandos à situação de vencidos e excluídos, não só econômica, mas social e culturalmente. Trata-se de um posicionamento humanista para uma educação conscientizadora, libertadora e desalienante. Para Paulo Freire, o conhecimento é construído de maneira integradora e interativa. Não é algo pronto a ser apenas "apropriado" ou "socializado", como sustenta a pedagogia dos conteúdos.

Na prática pedagógica de Paulo Freire, conhecer é descobrir, e construir é não copiar. Na busca do conhecimento, Paulo Freire aproxima o estético, o epistemológico e o social. Para ele, é preciso reinventar um conhecimento que tenha "feições de beleza", no qual o conhecimento deve ser constituído numa ferramenta essencial para intervir no mundo (GADOTTI, 1997).

Alfabetização de adultos: o método Paulo Freire

Brandão (2011) inicia a explicação do método contando que não existe material pronto, explicando que Freire propõe que o método deve estar baseado no diálogo, na ideia de que "[...] ninguém educa ninguém e ninguém se educa sozinho" (BRANDÃO, 2011, p. 12). Nesse sentido, o método é construído a partir de um ciclo de cultura de educando e educadores, que se inicia depois de a comunidade aceitar se envolver em um trabalho coletivo de construção de conhecimento a partir de uma realidade.

Na proposta Paulo Freire, o processo educativo está centrado na mediação educador-educando. O educador deve iniciar o trabalho partindo dos saberes dos educandos. É preciso que o educando supere alguns paradigmas, como o fato de acreditar que o conhecimento está na escola e com as pessoas que estudaram (FEITOSA, 1999). "Muitas vezes, o educando adulto quando chega à escola acredita não saber nada, pois sua concepção de conhecimento está pautada no saber escolar" (FEITOSA, 1999, p. 44). Assim, um dos primeiros trabalhos do educador é mostrar ao educando que ele sabe muito, e auxiliá-lo na tarefa de relacionar os saberes já conhecidos com os saberes escolares. Essa atividade ajuda o educando a aumentar sua autoestima, e este passa a participar mais ativamente do processo (FEITOSA, 1999). O trabalho, então, inicia-se com a busca de palavras geradoras, as quais devem ser escolhidas com cuidado, pois representam um tema, uma questão.

Brandão (2011) explica que, a partir dos temas, as palavras geradoras conduzem aos debates que cada uma delas sugere e à "compreensão de mundo". Na sequência, acontece a produção de desenhos das palavras, os quais incluem diferentes experiências e contextualizações. Junta-se a palavra e o desenho. Depois, fica a palavra, e esta é trabalhada a partir de reconhecimento dos fonemas (ba, be, bi, bo, bu). E, assim, a partir dos fonemas novas palavras são criadas. Brandão (2011) afirma que para Paulo Freire o método não é algo fechado, e, sim, algo que deve ser a todo o tempo ajustado, inovado e recriado. Feitosa (1999) apresenta dois princípios que constituem o método como fonte de conhecimento para o seu desenvolvimento. O primeiro princípio diz respeito à politicidade do ato educativo, ou seja, não existe educação neutra. Portanto, é preciso superar a visão ingênua de que homens e mulheres são apenas observadores do mundo, uma visão que mantém as pessoas descrentes da possibilidade de interferir na realidade.

O segundo princípio trata da dialogicidade do ato educativo, na qual é preciso formar as pessoas para o engajamento na luta por transformações sociais (FEITOSA, 1999).

> A dialogicidade, para Paulo Freire, esta ancorada no tripé educador-educando-
> -objeto do conhecimento. A indissociabilidade entre essas três 'categorias
> gnosiológicas' é um princípio presente no Método a partir da busca do conteúdo
> programático. O diálogo entre elas começa antes da situação pedagógica
> propriamente dita (FEITOSA, 1999, p. 47).

Sendo assim, a base da pedagogia é o diálogo. A relação pedagógica necessita ser, acima de tudo, uma relação dialógica. Para Madalena Freire, o

Método de Paulo Freire nega a mera repetição alienada e alienante de frases, palavras e sílabas, ao propor aos alfabetizandos "ler o mundo" e "ler a palavra", leituras indissociáveis (GADOTTI, 1996).

Saiba mais

O livro *Pedagogia do oprimido* (FREIRE, 1987), defende uma pedagogia baseada na dialogicidade, que é a prática da liberdade na qual o conteúdo é construído a partir do diálogo, nas relações entre homens e estes com o mundo. Essa prática é oposta à educação bancária que o livro critica.
Conforme Freire (1987, p. 33):

> Na visão bancária da educação, o "saber" é uma doação dos que se julgam sábios aos que julgam nada saber. Doação que se funda numa das manifestações instrumentais da ideologia da opressão – a absolutização da ignorância, que constitui o que chamamos de alienação da ignorância, segundo a qual esta se encontra sempre no outro.

Propostas para a educação

Rubem Alves

Rubem Azevedo Alves (1933-2014) foi psicanalista, educador, teólogo e escritor. Além disso, escreveu livros religiosos, educacionais, existenciais e infantis, possuindo 120 livros e inúmeras crônicas. Sua contribuição para a educação está no campo filosófico, em que trata de forma reflexiva de conceitos inerentes ao trabalho pedagógico. No livro *O desejo de ensinar e a arte de aprender* (ALVES, 2004), há contribuições sobre a prática pedagógica tratando de conceitos: curiosidade, admiração e espanto, amor e a importância de brincar.

Depois de conhecer a Escola da Ponte, de Portugal, escreve *A escola com que sempre sonhei* (ALVES, 2001), obra em que afirma desejar uma escola que compreenda como os saberes são gerados e nascem, um local onde o saber nasce das perguntas que o corpo faz. Além disso, defende que a escola não deveria seguir o programa oficial, pois é inútil, já que, na escola, encontra-se um lugar fascinante onde alunos e professores convivem em experiência de descoberta (SANCHEZ GAMBOA, 2014).

Na experiência de conhecer a Escola da Ponte, faz uma reflexão sobre professores e aprendizes, e acaba por comentar a falta de livros na escola, o que faz com que as crianças busquem aprender por curiosidade, sem seguir caminhos determinados pela burocracia. Para o filósofo, é nos livros que se encontram os saberes que, por escolha e determinação de uma instância burocrática superior, devem ser aprendidos pelos alunos. O conjunto desses saberes se denomina "programa". Para Rubem Alves (2011), a curiosidade não segue os caminhos determinados pela burocracia. Ainda em reflexão sobre a escola da Ponte, faz uma análise sobre programas, e conclui que estes são uma organização lógica de saberes dispostos numa ordem linear e que devem ser aprendidos numa velocidade igual, como se todos estivessem em uma linha de montagem de uma fábrica. Como as crianças são diferentes, não podem receber os mesmos saberes.

Conforme Rubem Alves (2011, documento on-line):

> A Escola da Ponte me mostrou um mundo novo em que crianças e adultos convivem como amigos na fascinante experiência de descoberta do mundo. Aprender é muito divertido. Cada objeto a ser aprendido é um brinquedo. Pensar é brincar com as coisas. Brincar é coisa séria. Assim, brincar é a coisa séria que é divertida.
> Quando falo que me apaixonei pela Escola da Ponte, estou dizendo que amo aquelas crianças. Gosto delas. E elas também gostam de mim. Voltar à Escola da Ponte já está se tornando rotina. Quando lá chego, sou afogado por centenas de "beijinhos". Comove-me a amizade daquelas crianças. Sinto que o maior prêmio para um professor é quando os alunos se tornam amigos dele. Um verdadeiro professor nunca sofre de solidão.

A perspectiva de Rubem Alves sobre educação é bastante filosófica em outros livros como *Conversas com quem gosta de ensinar* (ALVES, 1993) e *Estórias de quem gosta de ensinar* (ALVES, 2000), nos quais aborda a problemática do educador que se limita ao desenvolvimento de programas e à oferta de materiais prontos que limitam a imaginação, a fantasia e a paixão pela educação. O livro *Filosofia da ciência* (ALVES, 2007), fascina pela linguagem coloquial e pelas formas como o autor retoma permanente diálogo tanto com o leitor, por meio de seus escritos, quanto com os ouvintes, por meio de suas palestras e conversas. O livro aborda o diálogo entre diversos saberes, particularmente entre o senso comum e a ciência. Suas conversas têm a intenção de desmistificar a ciência, diminuindo as distâncias com o senso comum e combatendo as estruturas acadêmicas que criam hierarquias entre esses saberes (SANCHEZ GAMBOA, 2014).

Rubem Alves escreve muitos textos em forma de metáforas; o livro *A alegria de ensinar* (ALVES, 2007) é composto de 14 capítulos que englobam diferentes temas para reflexão. Todos os capítulos levam o leitor a repensar a escola, a relação professor-aluno e novas perspectivas de apresentar o conhecimento às crianças. Para Alves (2007), é por meio da magia da sua palavra, promovendo a realização das potencialidades, que o professor chega ao aluno.

Ainda tratando de educação e relação professor-aluno, Rubem Alves (1996) questiona o tipo de homem que está sendo formado nas escolas. Fazendo uma analogia à figura da cozinheira, questiona: "[...] que comida se prepara com os corpos e mentes das crianças e adolescentes nestes imensos caldeirões chamados escolas? Que sabor estará sendo preparado?" (ALVES, 1996, p. D2). Todo o trabalho de Rubem Alves leva o leitor a uma reflexão com simbologias.

Dermeval Saviani

Saviani é professor universitário, filósofo e doutor em Filosofia da Educação. Um dos principais nomes da educação no Brasil, desenvolveu a teoria histórico-crítica que tem como objetivo principal a transmissão de conhecimentos significativos que contribuam para a formação de indivíduos críticos e emancipados, assegurando a inclusão social dos educandos. O professor pesquisador de história da educação entende que: "[...] a importância política da educação está condicionada à garantia de que a especificidade da prática educativa não seja dissolvida" (SAVIANI, 1999, p. 91).

Para Saviani (2011), a pedagogia histórico-crítica surgiu em resposta à necessidade de encontrar uma alternativa ao movimento pedagógico instaurado no Brasil nos anos 1970. As bases teóricas estão relacionadas com as teorias marxistas mediadas pelas práticas sociais. "A prática é o ponto de partida e o ponto de chegada" (SAVIANI, 2011, p. 121), com uma mediação de três momentos: problematização, instrumentalização e catarse (passa-se do empírico ao concreto pela mediação do abstrato).

Nas obras de Saviani, segundo Gadotti (1988), há um destaque para a necessidade de elaborar uma teoria educacional a partir da prática e que ela seja capaz de servir de base para um sistema educacional. Realça também a necessidade de sistematizar a prática educativa e destaca que a reflexão será filosófica se cumprir três requisitos: a radicalidade, em que o sujeito faz uma reflexão com profundidade; o rigor, em que usa o método determinado, e, por fim, a globalidade, entendendo o contexto onde a ideia está inserida.

Saviani (2011) elabora a pedagogia histórico-crítica fazendo um contraponto com as pedagogias tradicional e nova, colocando em evidência pressupostos filosóficos e um significado político, além da natureza e da especificidade da educação. O autor afirma que a reflexão que desenvolve na perspectiva histórico-crítica está baseada na natureza humana não dada ao homem, mas por ele produzida sobre a base da natureza biofísica. Assim, afirma que "[...] o trabalho educativo é o ato de produzir, direta e intencionalmente, em cada indivíduo singular, a humanidade que é produzida histórica e coletivamente pelo conjunto dos homens" (SAVIANI, 2011, p. 6).

Para fins de entendimento da pedagogia histórico-crítica, explica questões filosóficas, como a existência de diferentes saberes ou conhecimentos. Saviani (2011) entende o conhecimento como sensível, intuitivo, afetivo, intelectual, lógico, racional, artístico, estético, axiológico, religioso e, mesmo, prático e teórico. Para o autor, do ponto de vista da educação, esses diferentes tipos de saber não interessam em si mesmos; eles interessam, enquanto elementos que os indivíduos necessitam assimilar para que se tornem humanos.

Na pedagogia histórico-crítica, Saviani (2011) destaca que, para chegar ao aprendizado, a educação tem de partir do saber objetivo produzido historicamente, tomá-lo como referência, como matéria-prima de sua atividade. Nesse sentido, a questão do saber objetivo recebe uma determinação mais precisa seguindo o ponto de vista histórico-crítico, que nega a neutralidade e, ao mesmo tempo, afirma a objetividade. Segundo Saviani (2011), não há neutralidade, porque não existe conhecimento desinteressado. E, quando o conhecimento é interessado, a objetividade é o que prevalece.

Saviani (2011, p. 16-17) afirma que a pedagogia histórico-crítica em relação à educação escolar implica:

> a) Identificação das formas mais desenvolvidas em que se expressa o saber objetivo produzido historicamente, reconhecendo as condições de sua produção e compreendendo as suas principais manifestações bem como as tendências atuais de transformações;
> b) Conversão do saber objetivo em saber escolar de modo a torná-lo assimilável pelos alunos no espaço e tempo escolares;
> c) Provimento dos meios necessários para que os alunos não apenas assimilem o saber objetivo enquanto resultado, mas apreendam o processo de sua produção bem como as tendências de sua transformação.

Para Saviani (2011), a educação não se reduz ao ensino (este, sendo um aspecto da educação, participa da natureza própria do fenômeno educativo), mas entende a escola como ciência, ou seja, como um saber metódico, sistematizado.

A escola, assim, tem o objetivo de propiciar a aquisição dos instrumentos que possibilitam o acesso ao saber elaborado (ciência), bem como o próprio acesso aos rudimentos desse saber.

O saber pode ser organizado nos currículos; assim, para Saviani (2011), pode-se afirmar que é a partir do saber sistematizado que se estrutura o currículo da escola elementar. O autor afirma que a "[...] cultura erudita é uma cultura letrada. Daí que a primeira exigência para o acesso a esse tipo de saber seja aprender a ler e escrever" (SAVIANI, 2011, p. 14). Também afirma que é preciso conhecer a linguagem dos números, a linguagem da natureza e a linguagem da sociedade. Está aí o conteúdo fundamental da escola elementar: ler, escrever, contar os rudimentos das ciências naturais e das ciências sociais (história e geografia).

Referências

ALVES, R. *A alegria de ensinar*. Campinas: Papirus, 2007.

ALVES, R. *A escola com que sempre sonhei*: sem imaginar que pudesse existir. Campinas: Papirus, 2001.

ALVES, R. A escola dos meus sonhos. *Revista Educação* [on-line], set. 2011. Disponível em: <http://www.revistaeducacao.com.br/escola-da-ponte-escola-dos-meus-sonhos/>. Acesso em: 12 maio 2018.

ALVES, R. *Conversas com quem gosta de ensinar*. São Paulo: Cortez, 1993.

ALVES, R. *Estórias de quem gosta de ensinar*. Campinas: Papirus, 2000.

ALVES, R. *Filosofia da ciência*. São Paulo: Loyola, 2007.

ALVES, R. *O desejo de ensinar e a arte de aprender*. Campinas, SP: Fundação EDUCAR DPaschoal, 2004. Disponível em: <http://www.aedmoodle.ufpa.br/pluginfile.php/212282/mod_resource/content/1/DesejodeEnsinarBlog.pdf>. Acesso em: 17 jun. 2018.

ALVES, R. Sobre os professores e as cozinheiras. *O Estado de São Paulo*, p. D2, 11 jun. 1996.

ARANHA, M. L. A. *História da educação*. São Paulo: Moderna, 1996.

BOURDIEU, P. *Escritos de educação*. São Paulo: Vozes, 2013.

BRANDÃO, C. R. *O que é método Paulo Freire*. São Paulo: Brasiliense, 2011.

FEITOSA, S. C. S. *Método Paulo Freire*: princípios e práticas de uma concepção popular de educação. 133 p. Dissertação (Mestrado em Educação) – Faculdade de Educação, Universidade de São Paulo, São Paulo, 1999. Disponível em: <http://webcache.googleusercontent.com/search?q=cache:hnvh9UxdYdMJ:www.acervo.paulofreire.org:8080/jspui/

bitstream/7891/141/3/FPF_PTPF_07_0004.pdf+&cd=2&hl=pt-BR&ct=clnk&gl=br>. Acesso em: 17 jun. 2018.

FREIRE, P. *A importância do ato de ler*: em três artigos que se completam. São Paulo: Cortez, 1989.

FREIRE, P. *Ação cultural para a liberdade e outros escritos*. Rio de Janeiro: Paz e Terra, 2007.

FREIRE, P. *Cartas a Guiné-Bissau*: registros de uma experiência em processo. Rio de Janeiro: Paz e Terra, 1984.

FREIRE, P. *Educação como prática da liberdade*. Rio de Janeiro: Paz e Terra, 2000.

FREIRE, P. *Extensão ou comunicação?* Rio de Janeiro: Paz e Terra, 2001.

FREIRE, P. *Pedagogia do oprimido*. Rio de Janeiro: Paz e Terra, 1987.

GADOTTI, M. *História das ideias pedagógicas*. São Paulo: Ática, 2004.

GADOTTI, M. Lições de Freire. *Revista da Faculdade de Educação*, v. 23, n. 1-2, jan./dez. 1997. Disponível em: <http://www.scielo.br/scielo.php?script=sci_arttext&pid=S0102-25551997000100002#1aut>. Acesso em: 17 jun. 2018.

GADOTTI, M. *Pensamento pedagógico brasileiro*. São Paulo: Ática, 1988.

GADOTTI, M. (Org.). *Paulo Freire*: uma biobibliografia. São Paulo: Cortez, 1996. Disponível em: <http://seminario-paulofreire.pbworks.com/f/unid2_ativ4paulofreire_umabio-bibliografia.pdf>. Acesso em: 17 jun. 2018.

GIROUX, H. A. *Os professores como intelectuais*: rumo a uma pedagogia crítica da aprendizagem. Porto Alegre: Artmed, 1997.

LIBÂNEO, J. C. *Democratização da escola pública*: a pedagogia crítico-social dos conteúdos. São Paulo: Loyola, 2006.

ORTIZ, R. (Org.). *Pierre Bourdieu*: sociologia. São Paulo: Ática, 1983.

SANCHEZ GAMBOA, S. *O homem que queria ensinar as crianças*. 2014. Disponível em: <http://www.cartaeducacao.com.br/artigo/o-homem-que-%E2%80%A8queria-ensinar-%E2%80%A8as-criancas/>. Acesso em: 30 abr. 2018.

SAVIANI, D. *Escola e democracia*. Campinas: Autores Associados, 1999.

SAVIANI, D. *Pedagogia histórico-crítica*: primeiras aproximações. Campinas: Autores Associados, 2011.

Leituras recomendadas

GIROUX, H. A. Cultura, poder e transformação na obra de Paulo Freire: "Rumo a uma política de Educação". In: GIROUX, H. A. *Pedagogia radical*: subsídios. São Paulo: Cortez, 1983. p. 145-156.

GIROUX, H. A. Paulo Freire e a política do pós-colonialismo. In: MCLAREN, P.; LEONARD, P.; GADOTTI, M. (Orgs.). *Paulo Freire*: poder, desejo e memórias da libertação. Porto Alegre: Artmed, 1998.

HISTEDBR. Grupo de Estudos e Pesquisas "História, Sociedade e Educação no Brasil". Disponível em: <http://www.histedbr.fe.unicamp.br/>. Acesso em: 29 abr. 2018.

INSTITUTO PAULO FREIRE. Disponível em: <http://www.paulofreire.org/>. Acesso em: 17 jun. 2018.

SAVIANI, D. A pedagogia histórico-crítica. *Youtube*, 14 ago. 2017. Disponível em: <https://www.youtube.com/watch?v=13ojrNgMChk>. Acesso em: 17 jun. 2018.

A educação no Brasil e a abertura democrática

Objetivos de aprendizagem

Ao final deste texto, você deve apresentar os seguintes aprendizados:

- Analisar o contexto da década de 1980 e as propostas de educação vigentes.
- Identificar as mudanças ocasionadas no ensino a partir da Constituição de 1988.
- Descrever as principais correntes teóricas de ensino e aprendizagem no contexto de redemocratização.

Introdução

Neste capítulo, você vai analisar o contexto histórico e social da década de 1980 (momento em que o Brasil passou por um processo de abertura democrática e lutou pelo fim da ditadura) e conhecer movimentos e organizações em prol de mudanças no cenário educacional, o que resultou em conferências, simpósios e congressos em todo o País que discutiram transformações no sistema de ensino e melhores condições profissionais. Desse esforço, surgiu a formulação da Carta de Goiânia, que contribuiu significativamente para a elaboração da Constituição Federal de 1988, ao destinar pela primeira vez um capítulo inteiro voltado à educação. Além disso, você vai conhecer as principais correntes teóricas que foram tendências nessa etapa de redemocratização no Brasil.

O contexto educacional brasileiro na década de 1980

O cenário educacional brasileiro acompanha um contexto político-histórico marcado por muitas lutas. Não foi diferente na década de 1980. O país vivia um momento de luta por direitos à cidadania, pelo fim da ditadura e por transformações das eleições em diretas já, que oportunizaria ao povo votarem seus candidatos para eleições. No que tange à educação, movimentos sociais, organizações e associações se mobilizaram para reivindicar condições de trabalho mais adequadas, melhorias da qualidade para uma Educação democrática.

O contexto desse período da nossa história educacional contou com apoio de variadas associações (Associação Nacional de Educação [ANDE], Associação Nacional de Pós-Graduação e Pesquisa em Educação [ANPED], Centro de Estudos Educação Sociedade [CEDES]) que contribuíram para a organização de Conferências Brasileiras de Educação (CBE) realizadas em diferentes regiões do país e de Fóruns que, segundo Casteleins et al. (2015, p. 2), "tinham como objetivo o texto da constituição e a criação da nova Lei de Diretrizes e Bases (LDB)".

Além de Fóruns, simpósios e congressos tinham o objetivo de superar a estrutura hierarquizante de relações permeadas por mandos e submissões, para dar espaço a propostas educacionais essencialmente pedagógicas (PARO, 2001). As reivindicações de profissionais da educação favoreceram uma organização maior para atuação das entidades e movimentos representativos desses grupos. Segundo Vieitez e Dal Ri (2011, p. 134):

> A questão básica residia nas características adversas que a organização da educação e o mercado de trabalho estavam assumindo pela ação da ditadura. Porém, enquanto que a questão do mercado de trabalho para os estudantes apresentava-se como uma projeção a respeito de seu futuro profissional, para os trabalhadores da educação apresentava-se como um problema imediato. Deste modo, professores e funcionários entraram em greve por melhores salários, mas, logo em seguida, engrossaram a luta contra a ditadura e pela volta ao estado de direito. Além disso, defenderam o ensino público e gratuito e, também, apresentaram uma propositura insólita e inovadora: a gestão democrática na escola.

De acordo com o curso da luta educacional, a organização do Fórum Nacional em Defesa da Escola Pública (FNDEP) foi iniciada em 1986. E, em 9 de abril de 1987, o fórum foi lançado em Brasília por meio da Campanha Nacional pela Escola Pública e Gratuita. Segundo Gohn (1994, p. 78), "[...] o Fórum dos anos 80 surge, inicialmente, para reivindicar um projeto para a educação, como um todo, e não apenas para a escola (embora esta, na modalidade pública, seja o centro principal de suas atenções)".

Outra proposta educacional de suma importância à história brasileira da educação se deu na IV Conferência Brasileira de Educação, na qual foi aprovada a distinta "Carta de Goiânia", cujo texto contém temáticas empregadas na elaboração da Constituição Federal, em 1988. No texto inicial da Carta de Goiânia, encontra-se o seguinte trecho:

> Atendendo ao convite das entidades organizadoras – ANDE (Associação Nacional de Educação), ANPED (Associação Nacional de Pesquisa e Pós-Graduação em Educação) e CEDES (Centro de Estudos Educação e Sociedade) – 6.000 participantes, vindos de todos os estados do país, debateram temas da problemática educacional brasileira, tendo em vista a indicação de propostas para a nova Carta Constitucional. Os profissionais da educação declaram-se cientes de suas responsabilidades na construção de uma Nação democrática, onde os cidadãos possam exercer plenamente seus direitos, sem discriminação de qualquer espécie. Então, por isso, empenhamos em debater, analisar e fazer denúncias dos problemas e impasses da educação brasileira e, ao mesmo tempo, em colocar sua capacidade profissional e sua vontade política para a superação dos obstáculos que impedem a universalização do ensino público de qualidade para todo o povo brasileiro (ANDE; ANPED; CEDES, 1988, p. 1.239, apud CASTELEINS; AMÉRICO JUNIOR, 2015, p. 3).

No decorrer da referida Carta, foram abordadas temáticas referentes à LDB da Educação Nacional de 1961 (BRASIL, 1961) em 21 princípios, cujo objetivo era de ampliar as vagas da educação básica, bem como de assegurar o acesso a universidades públicas, gratuitas e laicas. Desse modo, as propostas vigentes nesse período demonstraram grande atenção aos atores educacionais envolvidos com o intuito de assegurar um sistema de ensino democrático e de qualidade.

Saiba mais

A Carta de Goiânia foi um marco fundamental que pressionou e influenciou os aspectos educacionais da Constituição Federal de 1988. Conheça por completo o notável texto da carta, manifestada publicamente por ocasião da IV Conferência Brasileira de Educação. Para isso, acesse o link a seguir.

https://goo.gl/t8f1KS

Saiba mais

Dados apresentados na Carta de Goiânia apontam a precariedade da educação pública e levantam questões sobre o quanto era necessário um esforço de todas as entidades que lutavam pela educação a fim de transformar o quadro que se apresentava. De acordo com Ande, Anped e Cedes (1986, p. 1.240, apud CASTELEINS; AMÉRICO JUNIOR, 2015, p. 3):

— Mais de 50% de alunos eram repetentes ou excluídos ao longo da 1ª série do ensino de 1º grau;
— Cerca de 30% de crianças e jovens na faixa dos 7 aos 14 anos estavam fora da escola;
— 30% de analfabetos adultos e numeroso contingente de jovens e adultos não tinham acesso à escolarização básica;
— 22% de professores leigos;
— Era precária a formação e o aperfeiçoamento profissional de professores de todo o país;
— Salários eram aviltados em todos os graus de ensino.

Com a exposição desses dados e a participação efetiva dos grupos ligados à educação, empreendeu-se firme organização para pressionar setores governamentais a fim de propor mudanças significativas no cenário educacional brasileiro.

Transformações no ensino a partir da Constituição de 1988

A década de 1980 foi um período de várias lutas em prol de um país aberto à democracia. Finalmente, em decorrência de uma série de eventos e movimentos efervescendo em todo o país, foi promulgada uma nova Constituição Federal em 5 de outubro de 1988 (BRASIL, 2016). Casteleins e Américo Junior (2015, p. 1) levantam um questionamento sugestivo diante desse marco histórico: "[...] como o país, saindo de um regime político pouco democrático e com poucas atitudes em relação à educação, promulgou uma constituição 3 anos após o fim da ditadura, com grandes mudanças no sentido de garantias de educação pelo Estado?".

Certamente, as ações voltadas a mudanças passaram por educadores e entidades integradas e comprometidas com a implementação dessas transformações no ensino público de todo o país. A Carta de Goiânia teve grande influência na formulação desse documento federal. Assim, pela primeira vez a nova Constituição Federal dispôs um capítulo relacionado à Educação Pública.

Link

Para conhecer mais a respeito das constituições que já existiram no Brasil, acesse o link a seguir.

https://goo.gl/nPQAKH

A fim de identificar por quais mudanças o ensino passou a partir da Constituição de 1988, leia os artigos 205, 206, 208, 210, 211 e 214 (p. 123-125), disponíveis no link a seguir.

https://goo.gl/EWnFgw

Fonte: BRASIL (2016, p. 123, 124, 125).

Após analisar os itens da Constituição destinados à educação, percebe-se que ela passa a ser concebida como um direito social fundamental a ser assegurado e ampliado a todos os cidadãos. Essa conquista é fruto de uma luta para que, acima de direitos individuais, a população também tenha acesso aos seus direitos sociais. Tais direitos fundamentais "[...] são prestações positivas estatais, enunciadas em normas constitucionais, que possibilitam melhores condições de vida aos mais fracos e direitos que tendem a realizar a equalização de situações sociais desiguais" (SILVA, 1992, p. 258), visto que somos fruto de uma sociedade marcada pelas desigualdades.

A Carta Constitucional de 1988 trouxe uma visão ampliada de cidadania no que tange à indivisibilidade dos direitos humanos como afirma Piovesan (2010, p. 385): "[...] os direitos sociais são direitos fundamentais, sendo, pois, inconcebíveis e para os valores de liberdade (direitos civis e políticos) e igualdade (direitos sociais, econômicos e culturais)". Com isso, a Carta Constituinte foi um marco importante pelo contexto histórico social em que ela foi construída e pelas responsabilidades assumidas: foi aplicada, enfim, a igualdade de direitos para o pleno exercício da cidadania **a todos os indivíduos**.

As correntes teóricas de ensino no período de redemocratização brasileira

A partir das transformações sociais, também surgem esforços para que novas tendências educacionais sejam implementadas. Essas propostas estão estreitamente relacionadas às visões do que se espera da educação e às relações com a formação do indivíduo de cada momento histórico.

No final dos anos de 1970 e início de 1980, irrompeu consistente influência da chamada tendência progressista crítico-social que, conforme afirma Libâneo (2002), se difere das correntes libertadoras e libertárias (cujo precursor foi Paulo Freire) marcadas por relações com os conteúdos ao estabelecerem uma relação direta e crítica entre os saberes dos alunos, os conteúdos e os modelos expressados pelo professor. Nessa tendência, a escola apresenta a função de preparar o aluno para as contradições da vida adulta, de modo que seja alcançável o acesso a uma instrução por meio de apropriação de conteúdos e socializações a uma participação ativa na democratização social. Veja abaixo algumas características e especificações dessa tendência pedagógica:

> **Função da escola**
> — Difundir conteúdos diversos, universais, democráticos e culturais. Composição dos conteúdos;
> — A proposta curricular é baseada na correlação entre os conteúdos culturais e sua integração com a realidade social.
> **Metodologia**
> — Composta pela valorização da intimidade entre o saber acumulado do aluno e a sistematização necessária proposta pelo professor. Relação educador versus educandos;
> — O professor é mediador entre os conteúdos curriculares e o aluno é participante das discussões oriundas dessa prerrogativa.
> **Modelo de aprendizagem**
> — Estruturada na cognição (atenção, percepção, memória, raciocínio, pensamento e linguagem) já existente nos alunos e que deve ser dinamizada pelo professor (MARTINS; MARTINS, 2012, p. 108, grifo nosso).

Agora que as principais características da corrente progressista crítico--social foram apresentadas, será abordada outra forte tendência marcada pelo período de redemocratização brasileira: a tendência progressista libertária. Nasce da crença de que as classes desfavorecidas, bem como educadores e exilados políticos ao retornarem ao Brasil lutam pelas melhores condições de acesso à educação, cultura, igualdade de direitos e liberdade de expressão. Tais esforços fazem parte de uma tentativa de abertura política e superação do período de ditadura que perdurou nos últimos anos. De acordo com Libâneo (2002, p. 19), a pedagogia libertária:

[...] tem atrás de si condicionantes sociopolíticos que configuram diferentes concepções de homem e de sociedade e, consequentemente, diferentes pressupostos sobre o papel da escola, aprendizagem, relações professor-aluno, técnicas pedagógicas etc.

Desse modo, conhecer as especificidades de cada tendência favorece a compreensão das ações realizadas no cenário educacional, quando foi possível identificar posturas pedagógicas e refletir sobre limitações, desafios e resultados alcançados. No Brasil, o início da construção dessa nova corrente foi em São Paulo, como afirma Kassick:

> No Brasil, a experiência pedagógica de inspiração libertária, organizada com base nos princípios da Escola Moderna de Barcelona, foi de grande importância para a educação dos trabalhadores brasileiros, chegando a se constituir quase que na única escola a que efetivamente tinham acesso, dado o desinteresse do Estado pela educação do povo. Além disso, os princípios pedagógicos da educação libertária foram os únicos parâmetros para a contestação da pedagogia tradicional que, naquele momento, imperava soberana nas escolas e nos gabinetes, bem como nas mentes de autoridades, de pais e de professores. [...] Andavam juntos: escola, jornais, centros de estudo sociais, militância, panfletagem, greves; enfim, todo um conjunto de atividades e ações diretas que visavam fundamentalmente à transformação da sociedade opressora e exploradora (KASSICK, 2008, p. 138-139).

A partir desses diferentes setores organizados, é possível verificar nessa corrente uma luta consistente contra o autoritarismo e poder, em que a tendência libertária concebia que a função da escola é transformar pensamentos e instituições, ao idealizar o indivíduo como sujeito de produto social, político e libertário. O sujeito devia ser preparado para a autonomia do exercício da cidadania e com maiores condições de resistir a qualquer tipo de dominação e exploração, conforme as reflexões de Luckesi (1994). Hoje, a organização do currículo escolar é feita para atender a esse papel da escola.

Os métodos e objetivos de tais correntes eram baseados no respeito à liberdade, à individualidade, à expressão e ao pensar da criança, de acordo com Kassick (2008). A metodologia propõe a presença de meninos e meninas nas mesmas turmas, assim como diferentes classes sociais devem participar do mesmo ensino racional, integral e contra o autoritarismo.

Conclui-se que, finalmente, as tendências de ensino e aprendizagem avançaram qualitativamente nas propostas que marcaram o período de redemocratização, ao superarem a educação tradicionalista, que aumentava as desigualdades e altas taxas de analfabetismo em todo o país. De fato, o processo de transformação é complexo e conta com uma série de desafios. Contudo, esse momento do cenário educacional foi, certamente, responsável por grandes e positivas mudanças na história educacional brasileira.

Referências

ANDE; ANPED; CEDES. *Carta de Goiânia, 5 de setembro de 1986*. Anais da IV CBE. Tomo 2. São Paulo: Cortez, 1988.

BRASIL. Constituição (1988). *Constituição da República Federativa do Brasil*: texto constitucional promulgado em 5 de outubro de 1988, com as alterações determinadas pelas Emendas Constitucionais de Revisão nº. 1 a 6/94, pelas Emendas Constitucionais nº. 1/92 a 91/2016 e pelo Decreto Legislativo nº. 186/2008. Brasília: Senado Federal, 2016. Disponível em: <https://www2.senado.leg.br/bdsf/bitstream/handle/id/518231/CF88_Livro_EC91_2016.pdf>. Acesso em: 7 abr. 2018.

BRASIL. Presidência da República. Casa Civil. *Lei nº. 4024, de 21 de dezembro de 1961*. Diretrizes e Bases da Educação Nacional. Brasília, DF, 1961. Disponível em: <http://www.planalto.gov.br/ccivil_03/Leis/l4024.htm>. Acesso em: 29 maio 2018.

CASTELEINS, V. L.; AMÉRICO JUNIOR, E. A mobilização dos educadores por uma educação democrática no período de 1980-1989. In: CONGRESSO NACIONAL DE EDUCAÇÃO, 12., 2015, Curitiba. *Anais...* Curitiba, PR: EDUCERE, 2015. Disponível em: <http://educere.bruc.com.br/arquivo/pdf2015/18152_7906.pdf>. Acesso em: 7 abr. 2018.

GOHN, M. G. *Movimentos sociais e educação*. 2. ed. São Paulo: Cortez,1994.

LIBÂNEO, J. C. *Democratização da escola pública*. São Paulo: Loyola, 2002.

LUCKESI, C. C. *Filosofia da educação*. São Paulo: Cortez, 1994.

KASSICK, C. N. Pedagogia libertária na história da educação brasileira. *Revista HISTEDBR On-line*, Campinas, n. 32, dez. 2008. Disponível em: <http://www.histedbr.fe.unicamp.br/revista/edicoes/32/art09_32.pdf>. Acesso em: 8 abr. 2018.

MARTINS, R. S.; MARTINS, G. H. Reflexões acerca das tendências pedagógicas liberais e progressistas e sua fundamentação para o proeja. *Momento Diálogos em Educação*, v. 21, n. 1, p. 99-111, 2012. Disponível em: <https://periodicos.furg.br/momento/article/view/2440/2202>. Acesso em: 8 abr. 2018.

PARO, V. H. O princípio da gestão escolar democrática no contexto da LDB. In: OLIVEIRA, R. P.; ADRIÃO, T. (Orgs.). *Gestão, financiamento e direito à educação:* análise da LDB e da Constituição Federal. São Paulo: Xamã, 2001.

PIOVESAN, F. *Tema de direitos humanos.* São Paulo: Saraiva, 2010.

SILVA, J. A. *Curso de direito constitucional positivo.* 8. ed., rev. e amp. São Paulo: Malheiros, 1992.

VIEITEZ, C. G.; DAL RI, N. M. Educação no movimento social: a luta contra a precarização do ensino público. In: LIMA, F. C. S.; SOUSA, J. U. P.; CARDOZO, M. J. P. B. *Democratização e educação pública:* sendas e veredas. São Luís: EDUFMA, 2011.

Leituras recomendadas

GOULART, M. *7 Constituições brasileiras.* 2010. Disponível em: <https://historiadigital.org/curiosidades/todas-as-constituicoes-brasileiras/>. Acesso em: 7 abr. 2018.

LOBO NETO, F. J. S. *Carta de Goiânia:* IV CBE – 2 a 5/09/1986. Disponível em: <http://www.floboneto.pro.br/_pdf/outrosdoc/cartadegoi%C3%A2nia1986_4cbe.pdf>. Acesso em: 29 maio 2018.

Formação e profissionalização docente no Brasil

Objetivos de aprendizagem

Ao final deste texto, você deve apresentar os seguintes aprendizados:

- Reconhecer os processos de formação de professores no Brasil em diferentes contextos históricos.
- Descrever a relação existente entre a formação e profissionalização docente.
- Relembrar as características da profissionalização docente na contemporaneidade.

Introdução

Neste capítulo, você estudará sobre os processos de formação docente no Brasil e como esses processos se deram em diferentes momentos históricos e sociais. Conhecerá características e relações entre a formação e a profissionalização de professores, ao observar como essas questões são apresentadas atualmente.

Processos de formação de professores no Brasil em diferentes contextos históricos

Leia com atenção o trecho aqui reproduzido do artigo *Formação de professores: aspectos históricos e teóricos do problema no contexto brasileiro*, de Saviani (2009, p. 143-144):

> A educação e formação docente são temas discutidos nas mais variadas épocas e sociedades. No Brasil, as preocupações quanto ao desenvolvimento desses profissionais se tornaram mais evidentes após o processo de independência,

em que reflexões pedagógicas ocuparam a sociedade ao longo dos séculos vindouros. A construção de um sistema de formação docente impõe um desafio de análise e reflexão quanto às mudanças e ações que projetam formações futuras, ao identificar se estão, de fato, sendo planejadas com vistas à prática da construção e manutenção de uma sociedade pautada na democracia e justiça social (SCHEIBE, 2008). De acordo com Lawn (2000, p. 70) "[...] a identidade do professor simboliza o sistema e a nação que o criou". Para conhecer o atual cenário educacional brasileiro, é importante conhecer os períodos que marcaram processos transformadores com relação à formação docente:1. Ensaios intermitentes de formação de professores (1827-1890). Esse período se iniciou como dispositivo da Lei das Escolas de Primeiras Letras, que obrigava os professores a se instruir no método do ensino mútuo, às próprias expensas – estende-se até 1890, quando surge o modelo da Escolas Normais. 2. Estabelecimento e expansão do padrão das Escolas Normais (1890-1932), cujo marco inicial é a reforma paulista da Escola Normal, cujo anexo era escola-modelo. 3. Organização dos Institutos de Educação (1932-1939), cujos marcos foram as reformas de Anísio Teixeira no Distrito Federal, em 1932, e de Fernando de Azevedo em São Paulo, em 1933. 4. Organização e implantação dos Cursos de Pedagogia e de Licenciatura e consolidação do modelo das Escolas Normais (1939-1971). 5. Substituição da Escola Normal pela Habilitação Específica de Magistério (1971-1996). 6. Advento dos Institutos Superiores de Educação, Escolas Normais Superiores e o novo perfil do Curso de Pedagogia (1996-2006).

Como visto no fragmento acima, esses momentos implicaram em importantes transformações quanto à concepção de educação e, a partir dessa visão, de como os profissionais relacionados a essa área são preparados para representar tais funções. No Brasil, as primeiras escolas destinadas à formação docente foram as Escolas Normais, originárias após o marco da Independência, quando as províncias passaram a se responsabilizar pelo ensino elementar. No período republicano, foi iniciado o processo de expansão das Escolas Normais em abrangência nacional, mas o contexto social, político e econômico não possibilitou uma expansão equilibrada. Além disso, os programas de estudo não favoreciam uma formação que atendesse satisfatoriamente aos objetivos de preparação dos alunos dessa época. Por causa dessa carência, em 1890 a Escola Normal do Estado de São Paulo formulou uma abrangente reforma com significativas mudanças à história educacional de formação de professores:

> A reforma foi marcada por dois vetores: enriquecimento dos conteúdos curriculares anteriores e ênfase nos exercícios práticos de ensino, cuja marca característica foi a criação da escola-modelo anexa à Escola Normal – na verdade, a principal

> inovação da reforma. Assumindo os custos de sua instalação e centralizando o preparo dos novos professores nos exercícios práticos, os reformadores estavam assumindo o entendimento de que, sem assegurar de forma deliberada e sistemática por meio da organização curricular a preparação pedagógico-didática, não se estaria, em sentido próprio, formando professores (SAVIANI, 2009, p. 145).

Com essa reorganização, o tempo da integralização do curso foi ampliado e matérias de base científica e exercícios voltados à prática do fazer pedagógico foram enfatizadas, por meio de implantação de um ensino primário dividido em elementar e complementar com duração total de 8 anos. Ademais, um curso superior em anexo à Escola Normal também foi institucionalizado com objetivo de formar professores para as escolas normais e para atuação na etapa educacional dos ginásios (SCHEIBE, 2008). Embora essas propostas tenham sido propostas, nem todas foram concretizadas, como, por exemplo, a escola normal superior e os cursos complementares que inicialmente tinham a função de complementar o curso primário: na prática, tornaram-se uma forma adicional de preparação de professores (TANURI, 2000).

Outra fase que evidenciou mudanças quanto às concepções acerca da formação docente se deu por meio de criação de dois institutos que favoreceram a abertura de espaços para pesquisas educacionais: "[...] o Instituto de Educação do Distrito Federal, concebido e implantado por Anísio Teixeira em 1932, e o Instituto de Educação de São Paulo, implantado em 1933 por Fernando de Azevedo" (SAVIANI, 2009, p. 145). Até então, a educação era centrada em objetivos de ensino. Foi a partir desse espaço que a perspectiva de se apropriar de processos que envolviam o ensino e a aprendizagem foi ampliada. Além desses institutos, uma reforma por meio do Decreto nº. 3.810 também foi instituída em 1932, na qual Anísio Teixeira objetivava a erradicação do que ele chamava de "vício da constituição" das Escolas Normais, que não alcançaram seus objetivos de espaços de desenvolvimento cultural e profissional (VIDAL, 2001). A reforma transformou as Escolas Normais em Escolas de Professores, que já apresentavam a organização, estrutura, disciplinas e currículo enumerados a seguir:

> 1) biologia educacional; 2) sociologia educacional; 3) psicologia educacional; 4) história da educação; 5) introdução ao ensino, contemplando três aspectos: a) princípios e técnicas; b) matérias de ensino abrangendo cálculo, leitura e linguagem, literatura infantil, estudos sociais e ciências naturais; c) prática de ensino, realizada mediante observação, experimentação e participação. Como suporte ao caráter prático do processo formativo, a escola de professores contava com uma estrutura de apoio que envolvia: a) jardim de infância, escola primária e escola secundária, que funcionavam como campo de

experimentação, demonstração e prática de ensino; b) instituto de pesquisas educacionais; c) biblioteca central de educação; d) bibliotecas escolares; e) filmoteca; f) museus escolares; g) radiodifusão (SAVIANI, 2009, p. 145-146).

A partir dessa forma de planejamento, tais institutos propiciaram estudos pedagógicos com viés científico, ao apresentar modelos que poderiam superar as lacunas que elevaram as taxas de analfabetismo, evasão escolar e distorção ano/série.

Com o governo de Getúlio Vargas (entre 1937 e 1945), a educação passou por processos de regulamentações e políticas públicas contempladas nas chamadas Leis Orgânicas, que contribuíram para uma relativa uniformidade à formação no magistério, ainda que não tenham estabelecido significativas inovações. Segundo afirma Scheibe (2008, p. 44):

> [...] manteve-se assim o curso normal de primeiro ciclo, com quatro séries, também denominado de escola normal regional e equivalente ao curso ginasial; e o de segundo ciclo, de nível colegial, com três séries no mínimo, a ser ministrado nos Institutos de Educação, local incumbido de ministrar também outros cursos de especialização de professores, tais como Educação Especial, Curso Complementar Primário, Ensino Supletivo, Desenho e Artes Aplicadas, Música e Canto e Administração Escolar.

Em 1946, a Lei Orgânica do Ensino Normal de 1946 (BRASIL, 1946), promulgou regulamentações que permaneceram até a criação da Lei nº. 5.692, de 1971 (BRASIL, 1971). Em 1961, a construção da Lei de Diretrizes e Bases da Educação Nacional (LDB) não trouxe grandes mudanças, e o ensino normal seguiu como o curso de formação de professores ao ensino obrigatório (SCHEIBE, 2008). Em seguida, com o golpe militar de 1964, surgiram exigências para mudanças no sistema educacional que modificaram a denominação das etapas de ensino primário e médio para primeiro e segundo graus. Com isso, as Escolas Normais foram classificadas à habilitação de segundo grau para o exercício do magistério de primeiro grau.

Pelo Parecer nº. 349/72 (BRASIL, 1972), foi criada a habilitação específica do magistério por meio de duas modalidades: uma, com duração de 3 anos (2.200 horas), permitia que o docente lecionasse até a quarta série; e outra, com duração de quatro anos (2.900 horas), estendia sua atuação até a sexta série do primeiro grau. Naquele período, o currículo abarcava um núcleo obrigatório em todo o território nacional e assegurava a formação geral e outro núcleo com partes diversificadas. O contexto, então, revelou falhas no método: "[...] a formação de professores para o antigo ensino primário foi, pois, reduzida a uma habilitação dispersa em meio a tantas outras, configurando um quadro de precariedade bastante preocupante", conforme aponta Saviani (2009, p. 147). Devido a essas complicações, o governo buscou contornar a situação ao criar um projeto denominado Centro de Formação e Aperfeiçoamento do Magistério, em 1982. Esses Centros tinham o objetivo de resgatar e reestruturar a Escola Normal e trazer resultados satisfatórios, mas não permanentes, visto que não houve continuidade do projeto: os cursos oferecidos eram limitados e os docentes formados não foram aproveitados, uma vez que não foram criadas políticas públicas que destinassem esse grupo ao exercício da docência nas instituições públicas educacionais (SAVIANI, 2009). Nessa década, também houve a organização de movimentos e entidades ligadas ao cenário educacional que visavam à reformulação de cursos de pedagogia e licenciatura e consideravam a "[...] docência como a base da identidade profissional de todos os profissionais da educação" (SILVA, 2003, p. 68-79). Desse modo, as instituições de formação de professores buscaram se adequar ao desenvolvimento de profissionais que atuariam no atendimento da educação infantil (nas séries iniciais do primeiro grau).

Somente após o fim do golpe militar, as mobilizações impulsionaram soluções aos problemas relacionados à formação docente, lamentavelmente não contempladas na nova LDB de 1996. Com efeito, a inconsistência se estendeu: os cursos de pedagogia e licenciatura, institutos superiores e Escolas Normais Superiores ofereceram opções pouco consistentes. Tornaram-se instituições de nível superior de segunda categoria, ao prover formação aligeirada e mais barata, por meio de cursos de curta duração, consoante Saviani (2009, p. 218-221). Por outro lado, na tentativa de reversão desse quadro, foi articulada ampla mobilização que buscava a integração entre aspectos teóricos e práticos de ensino e aprendizagem e de pesquisas, visto que a concepção de formação de professores ia contra os princípios amadurecidos ao longo dos últimos anos (SCHEIBE, 2008).

Por fim, uma visão diacrônica das mudanças instituídas na educação e formação docente admoesta que políticas educacionais intermitentes, progressões lentas e propostas precárias acarretaram em uma formação deficiente, tendo em vista a complexidade que envolve os desafios educacionais nacionais.

A formação e profissionalização docente

A formação e profissionalização docente passaram por transformações e variações de acordo com o tempo e o meio (Quadro 1). Na história da educação brasileira, diversos momentos históricos se refletiram nos meios de ensino e aprendizagem no exercício docente, cujas características são relevantes em questões atuais.

Quadro 1. Comparação entre os momentos da história da educação no Brasil e as relações entre a formação

Momentos da história da educação no Brasil	Relações entre a formação e profissionalização docente
O ensino tradicional e enciclopédico perdurou por longos 383 anos e foi marcado pelos padres da Companhia de Jesus	O professor é transmissor de conhecimentos
Escola Nova, aproximadamente a partir de 1932	O professor se torna mero facilitador do processo de ensino e de aprendizagem
Escola de tendência tecnicista, inserida no final dos anos 60 no Brasil	O relacionamento professor-aluno é puramente técnico. O objetivo é manter o aluno calado recebendo, aprendendo e fixando informações, enquanto o professor administra e transmite a matéria eficientemente, com vistas à garantia na eficácia nos resultados da aprendizagem
Escola Crítica em 1993	A atuação passou a enfocar na participação na aprendizagem do aluno, na construção e reconstrução do saber, de interação e articulação

Fonte: Adaptado de Dassoler e Lima (2012, p. 5).

A análise dos momentos da história educacional descortina grande evolução e transformação do ensino tradicional. Você já observou o quanto a globalização e a tecnologia (o que também inclui o acesso à internet) alteraram as relações no âmbito educacional? Pois se antes o professor era tido como detentor do saber e **transmitia** conhecimentos, agora ele atua em uma sociedade cuja informação (que não necessariamente se converte em conhecimento) é disponibilizada abundantemente e transita no mundo todo em milésimos de segundos. Diante desse contexto, o professor encontra um campo de atuação progressivamente mais complexo e que exige cada vez mais habilidades e competências. Mais do que nunca, todas essas mudanças fizeram com que questões relativas a formação e profissionalização dos docentes fossem repensadas. A primeira delas é considerar que, para que o professor possa ensinar com êxito, é necessário que sua formação teórica seja profissionalizada por meio da prática cotidiana, de modo sinérgico e globalizado:

> Formar-se é tomar em suas mãos seu próprio desenvolvimento e destino num duplo movimento de ampliação de suas qualidades humanas, profissionais, religiosas e de compromisso com a transformação da sociedade em que se vive [...] é participar do processo construtivo da sociedade [...] na obra conjunta, coletiva, de construir um convívio humano e saudável (LIBANIO, 2001, p. 13-14).

Com base nesses pressupostos, torna-se patente que a formação do professor propicia a construção de uma conexão entre a profissão em si e a construção da própria identidade docente e, enfim, a dinâmica da prática pedagógica é consolidada. Isso quer dizer que, para que esse profissional seja instrumentalizado de modo qualitativo:

> É necessário um destaque à necessidade de se pensar uma formação continuada que valorize tanto a prática realizada pelos docentes no cotidiano da escola quanto o conhecimento que provém das pesquisas realizadas na Universidade, de modo a articular teoria e prática na formação e na construção do conhecimento profissional do professor (MOREIRA; CANDAU, 2007, p. 23).

A partir do momento em que o professor é considerado apto ao exercício de suas funções, a compreensão de que esse caminho não deve se encerrar é indispensável: os profissionais (de quaisquer áreas) devem acompanhar as tendências da sua área, para que possam refletir e exercer papel ativo na construção e apoio do desenvolvimento dos educandos. Notadamente, a noção de reciclagem é crucial, reforçada por Nóvoa (1992, p. 23): "A profissionalização é um processo através do qual os trabalhadores melhoram o seu estatuto, elevam os seus rendimentos e aumentam o seu poder e a sua autonomia". Assim, como já abordado, é no dia a dia que a formação se consolida em profissionalização contínua e reflexiva; superação de dificuldades; autoavaliação, flexibilidade e criticidade; compromisso ético nas relações interpessoais pautadas por respeito a diversidade e diferença. Quando o profissional alcança, enfim, um nível de experiência, o equilíbrio associado à sua formação teórico-prática se torna cada vez mais autônomo, inovador. Dessa forma, é que ele desperta o interesse em seus educandos por meio de sua mediação sabiamente preparada. De acordo com Dassoler e Lima (2012, p. 7):

> [...] o professor é também uma pessoa em relação e evolução em que o saber da experiência lhe pode conferir maior autonomia profissional, juntamente com outras competências que viabilizam a sua profissão. Torna-se claro que os vocábulos "formação e profissionalização" estão intimamente imbricados e se complementam na relação que perfaz todo o trabalho do professor. O professor é um profissional do sentido.

Apesar do avanço e compreensão mais acertada das relações entre formação e profissionalização docente, a problematização desse objeto não se esgota; o tema é, de fato, complexo e tem íntima relação com as transformações históricas e sociais, sempre em transformação. Essa conjuntura permite enfatizar a necessidade de um olhar atento tanto das instituições formadoras desses profissionais quanto de adoção de uma postura por parte dos educadores. Eles têm a incumbência de conduzir suas carreiras pautadas em uma prática aliada à teoria e de investir em uma formação continuada e comprometida com uma educação de qualidade e significativa ao desenvolvimento dos alunos.

Formação e profissionalização docente na contemporaneidade

Assim como o mundo passou por transformações significativas, com influência direta da globalização, houve também mudanças quanto ao papel da educação e às funções da profissão docente. O professor do cenário educacional atual enfrenta uma série de exigências de variadas habilidades e competências. Segundo Dassoler e Lima (2012, p. 1):

> O professor é um profissional que domina a arte de reencantar, de despertar nas pessoas a capacidade de engajar-se e mudar. Neste aspecto, entende-se que a formação do professor é indispensável para a prática educativa, a qual se constitui o lócus de sua profissionalização cotidiana no cenário escolar. Desse modo, compreender a formação docente incide na reflexão fundamental de que ser professor é ser um profissional da educação que trabalha com pessoas. Essa percepção induz este profissional de educação a um processo permanente de formação, na busca constante do conhecimento por meio dos processos que dão suporte à sua prática pedagógica e social.

Em sentido amplo, apreende-se que o processo de ensino não está restrito à transferência de conhecimentos, e sim em ações que ratificam o despertar da consciência de que o sujeito está em contínua construção, com base em Freire (1996). E é a educação que possibilita a intervenção da realidade das pessoas e do ambiente que as cercam (DASSOLER; LIMA, 2012). Com base nisso, as relações de profissionalização do docente devem ser planejadas com base no desenvolvimento de habilidades, a fim de que o professor se approprie de sua condição de um sujeito que pensa, aprende a aprender e media processos de ensino e aprendizagem. A Legislação brasileira, por meio da Lei nº. 9.394/96 (LDB), contempla a formação de professores:

> Art. 61. A formação de profissionais da educação, de modo a atender aos objetivos dos diferentes níveis e modalidades de ensino e as características de cada fase do desenvolvimento do educando, terá como fundamentos:
> I — A associação entre teorias e práticas, inclusive mediante a capacitação em serviço;
> II — Aproveitamento da formação e experiências anteriores em instituições de ensino e outras atividades.
> Art. 62. A formação de docentes para atuar na educação básica far-se-á em nível superior, em curso de licenciatura, de graduação plena, em universidades e institutos superiores de educação, admitida, como formação mínima para o exercício do magistério na educação infantil e nas quatro primeiras séries do ensino fundamental, a oferecida em nível médio, na modalidade Normal (BRASIL, 1996, documento on-line).

É claramente perceptível, nesses trechos, a ênfase dada à importância de se articular teoria e prática, assim como a valorização da experiência dos educandos com experiências profissionais em instituições de ensino. Seis anos depois, por meio do Conselho Nacional de Educação, foram instituídas as Diretrizes Curriculares Nacionais (CDN) voltadas a princípios, fundamentos e procedimentos que envolvem a formação de professores da educação básica e que institui o desenvolvimento de habilidades para um exercício pedagógico baseado no:

> I — Ensino visando à aprendizagem do aluno; II — Acolhimento e o trato da diversidade; III — Exercício de atividades de enriquecimento cultural; IV — Aprimoramento em práticas investigativas; V — Elaboração e execução de projetos de desenvolvimento dos conteúdos curriculares; VI — Uso de tecnologias da informação e da comunicação e de metodologias, estratégias e materiais de apoio inovadores; VII — Desenvolvimento de hábitos de colaboração e de trabalho em equipe (BRASIL, 2002, documento on-line).

Desse modo, as instituições destinadas à formação e profissionalização docente passaram, a partir de então, a organizar sua estrutura curricular com o objetivo de cumprir as CDN. Os artigos de todo o texto revelam cuidado na elaboração de cursos voltados ao desenvolvimento de competências e habilidades essenciais ao exercício da docência, ao incentivo à pesquisa e a práticas que visam à autonomia e gerenciamento profissional (BRASIL, 2002). Ainda sobre textos legislativos sobre a profissionalização docente foi instituída a Política Nacional de Formação de Profissionais da Educação Básica: o Decreto nº. 8.752/16 (BRASIL, 2016). O texto evidencia a relevância do professor-mediador do processo educativo, ressalta preocupação com a valorização e formação continuada do docente e destaca princípios que atendam às especificidades dos profissionais da educação em formação, temas citados no art. 2º:

> I — O compromisso com um projeto social, político e ético que contribua para a consolidação de uma nação soberana, democrática, justa, inclusiva e que promova a emancipação dos indivíduos e dos grupos sociais;
> II — O compromisso dos profissionais e das instituições como aprendizado dos estudantes na idade certa, como forma de redução das desigualdades educacionais e sociais (...);
> V — A articulação entre teoria e prática no processo de formação, fundada no domínio de conhecimentos científicos, pedagógicos e técnicos específicos, segundo a natureza da função (...);
> VII — A formação inicial e continuada, entendidas como componentes essenciais à profissionalização, integrando-se ao cotidiano da instituição educativa e considerando os diferentes saberes e as experiências profissionais;
> VIII — A compreensão dos profissionais da educação como agentes fundamentais do processo educativo e, como tal, da necessidade de seu acesso permanente a processos formativos, informações, vivência e atualização profissional, visando à melhoria da qualidade da educação básica e à qualificação do ambiente escolar;
> IX — A valorização dos profissionais da educação, traduzida em políticas permanentes de estímulo à profissionalização, à progressão na carreira, à melhoria das condições de remuneração e à garantia de condições dignas de trabalho;
> X — O reconhecimento das instituições educativas e de mais instituições de educação básica como espaços necessários à formação inicial e à formação continuada;
> XI — O aproveitamento e o reconhecimento da formação, do aprendizado anterior e da experiência laboral pertinente, em instituições educativas e em outras atividades (BRASIL, 2016, documento on-line).

Tais princípios acurados fortalecem as políticas públicas voltadas à formação dos professores e dão a devida atenção e valorização a esses profissionais, cujas funções são indispensáveis ao desenvolvimento social. A expectativa maior é que os futuros docentes se conscientizem da sua condição de **aprendizes** e invistam em uma formação que forneça condições de atuar de modo proativo, autônomo, criativo e integrado aos elementos essenciais que envolvem o cenário educacional.

Referências

BRASIL. Câmara dos Deputados. *Decreto-lei nº. 8.530, de 1 de janeiro de 1946*. Lei Orgânica do Ensino Normal. Brasília, DF, 1946. Disponível em: <http://www2.camara.leg.br/legin/fed/declei/1940-1949/decreto-lei-8530-2-janeiro-1946-458443-publicacaooriginal-1-pe.html>. Acesso em: 30 maio 2018.

BRASIL. Câmara dos Deputados. *Decreto nº. 8.752, de 9 de maio de 2016*. Dispõe sobre a Política Nacional de Formação de Profissionais da Educação Básica. Brasília, DF, 2016. Disponível em: <http://www2.camara.leg.br/legin/fed/decret/2016/decreto-8752-9-maio-2016-783036-norma-pe.html>. Acesso em: 19 abr. 2018.

BRASIL. Câmara dos Deputados. *Lei nº. 5.692, de 11 de agosto de 1971*. Fixa Diretrizes e Bases para o ensino de 1º e 2º graus, e dá outras providências. Brasília, DF, 1971. Disponível em: <http://www2.camara.leg.br/legin/fed/lei/1970-1979/lei-5692-11-agosto-1971-357752-publicacaooriginal-1-pl.html>. Acesso em: 30 maio 2018.

BRASIL. Conselho Nacional de Educação. *Resolução CNE/CP 1, de 18 de fevereiro de 2002*. Brasília, DF, 2002. Disponível em: <http://portal.mec.gov.br/cne/arquivos/pdf/rcp01_02.pdf>. Acesso em: 17 abr. 2018.

BRASIL. Ministério da Educação e Cultura. Conselho Federal de Educação. Parecer nº. 349/72. *Documenta*, n. 137, p. 155-173, abr. 1972.

BRASIL. Presidência da República. Casa Civil. *Lei nº. 9.394, de 20 de dezembro de 1996*. Estabelece as diretrizes e bases da educação nacional. Brasília, DF, 1996. Disponível em: <http://www.planalto.gov.br/ccivil_03/Leis/l9394.htm>. Acesso em: 17 abr. 2018.

DASSOLER, O. B. D.; LIMA, D. M. S. L. A formação e a profissionalização docente: características, ousadia e saberes. In: SEMINÁRIO DE PESQUISA EM EDUCAÇÃO DA REGIÃO SUL, 9., 2012, Caxias do Sul. *Anais...* Caxias do Sul, RS: ANPED SUL, 2012. Disponível em: <http://www.ucs.br/etc/conferencias/index.php/anpedsul/9anpedsul/paper/viewFile/3171/522>. Acesso em: 16 abr. 2018.

FREIRE, P. *Pedagogia da autonomia*: saberes necessários à prática educativa. São Paulo: Paz e Terra, 1996.

LAWN, M. Os professores e a fabricação de identidades. In: NÓVOA, A.; SCHRIEWER, J. (Eds.). *A difusão mundial da escola*: alunos, professores, currículo, pedagogia. Lisboa: Educa, 2000.

LIBANIO, J. B. *A arte de formar-se*. 2. ed. São Paulo: Loyola, 2001.

MOREIRA, A. F. B.; CANDAU, V. M. Educação escolar e cultura(s): construindo caminhos. In: FÁVERO, O.; IRELAND, T. D. (Orgs.). *Educação como exercício de diversidade*. Brasília: UNESCO, MEC, ANPED, 2007. Disponível em: <http://portal.mec.gov.br/index.php?option=com_docman&view=download&alias=647-vol7div-pdf&category_slug=documentos-pdf&Itemid=30192>. Acesso em: 30 maio 2018.

NÓVOA, A. Formação de professores e formação docente. In: NÓVOA, A. (Org.). *Os professores e a sua formação*. Lisboa: Dom Quixote, 1992.

SAVIANI, D. Formação de professores: aspectos históricos e teóricos do problema no contexto brasileiro. *Revista Brasileira de Educação*, v. 14, n. 40, jan./abr. 2009. Disponível em: <http://www.scielo.br/pdf/rbedu/v14n40/v14n40a12.pdf>. Acesso em: 15 abr. 2018.

SCHEIBE, L. Formação de professores no Brasil: a herança histórica. *Retratos da Escola Brasileira*, v. 2, n. 2-3, p. 41-53, jan./dez. 2008. Disponível em: <http://www.cnte.org.br/images/stories/2012/revista_retratosdaescola_02_03_2008_formacao_professores.pdf>. Acesso em: 15 abr. 2018.

SILVA, C. S. B. *Curso de pedagogia no Brasil*: história e identidade. 2. ed., rev. e amp. Campinas: Autores Associados, 2003.

TANURI, L. M. História da formação de professores. *Revista Brasileira de Educação*, n.14, p. 61-88, mai./ago. 2000.

VIDAL, D. G. *O exercício disciplinado do olhar*: livros, leituras e práticas de formação docente no Instituto de Educação do Distrito Federal (1932-1937). Bragança Paulista: EDUSF, 2001.

Leitura recomendada

BRASIL. *Decreto nº. 6.755, de 29 de janeiro de 2009*. Institui a Política Nacional de Formação de Profissionais do Magistério da Educação Básica, disciplina a atuação da Coordenação de aperfeiçoamento de Pessoal de Nível Superior – CAPES no fomento a programas de formação inicial e continuada, e dá outras providências. Diário Oficial da União. Brasília, DF, 2009. Disponível em: <http://www.capes.gov.br/images/stories/noticia/DOU_30.01.2009_pag_1.pdf>. Acesso em: 19 abr. 2018.

A Lei nº 9394/96 (LDB), os Parâmetros Curriculares Nacionais e a educação no Brasil

Objetivos de aprendizagem

Ao final deste texto, você deve apresentar os seguintes aprendizados:

- Identificar as mudanças nos processos educativos ocasionadas pela nova Constituição de 1988.
- Reconhecer a importância da LDB na universalização do ensino no Brasil.
- Sintetizar as diferentes formas de organização e oferta do ensino básico no Brasil.

Introdução

Neste capítulo, você vai estudar como a Constituição de 1988 ajudou a organizar o ensino brasileiro, principalmente dando subsídios para a Lei nº 9394/96 (Lei de Diretrizes e Bases da Educação Nacional (LDB)). Além disso, estudará como se configurou a educação no Brasil depois da promulgação das leis e conhecerá o posicionamento de pesquisadores em história da educação sobre as propostas, projetos e as leis. Também vai conhecer como ficou configurada a estrutura e o funcionamento do ensino no Brasil.

A educação brasileira a partir da Constituição de 1988

Quando os trabalhos foram iniciados na Assembleia Nacional Constituinte para a elaboração da Constituição de 1988, a educação no Brasil estava numa fase de grande mobilização (SAVIANI, 2013). Na década de 1970, professores realizavam grandes mobilizações criando associações; nos anos 1980, foi o momento de criar as associações e entidades para realizar assembleias, conferências e publicações, surgindo então a Associação Nacional de Educação (Ande), a Associação Nacional de Pós-Graduação e Pesquisa em Educação (Anped) e o Centro de Estudos Educação e Sociedade (Cedes). A mobilização que estava em pleno desenvolvimento no Brasil acabou dando fortalecimento para a realização de um grande encontro aglomerando 15 entidades, o Fórum de Educação na Constituinte em Defesa do Ensino Público e Gratuito. Cabe destacar que o movimento não era apenas de professores de todos os níveis, mas também de entidades de estudantes.

Na primeira etapa dos trabalhos da Constituinte, havia 24 subcomissões, e a educação estava na Subcomissão de Educação, Cultura e Esportes. Na segunda etapa, a educação integrou a Comissão Temática 8: da Família, da Educação, Cultura e Esportes, da Ciência e Tecnologia e da Comunicação (SAVIANI, 2013, p. 210). Por conta das mobilizações e tendo em vista o caráter fundamental na estruturação da educação brasileira, foi objetivo dos debates introduzir temáticas fundamentais para criar bases que favorecessem a criação de princípios educacionais, e que estes ficassem fixados na Constituição que se propunha criar.

A Constituição de 1988 representa um salto de qualidade com relação à legislação anterior quando trata da declaração do direito à educação. Segundo Oliveira (1999), o texto se apresenta com detalhes importantes com relação às garantias de acesso e permanência na escola. Entretanto, o acesso, a permanência e o sucesso na escola fundamental continuam como promessa não efetivada. No Capítulo II, que trata dos direitos sociais, há exatamente no art. 6º a seguinte informação: "São direitos sociais a educação, a saúde [...] na forma desta Constituição", sendo essa a "primeira vez em nossa história Constitucional [que] explicita-se a declaração dos direitos sociais, destacando--se, com primazia, a educação" (OLIVEIRA, 1999, p. 6-7).

Saviani (2013) comenta que a Constituição de 1988 fecha uma década de grande mobilização e de conquistas no campo educativo. Enquanto do ponto de vista econômico o período foi considerado uma década perdida, no campo da educação esses anos se configuraram como uma década de importantes ganhos. No entanto, a partir de 1989 começou um período de grandes dificuldades, porque "as conquistas educacionais, inscritas no texto da Constituição de 1988, acabaram sendo neutralizadas no contexto da adesão do país aos cânones econômicos e políticos que ficaram conhecidos pelo nome de neoliberalismo" (SAVIANI, 2013, p. 217).

Conforme análise do texto da Constituição, Saviani (2013) afirma que o conceito de sistema no âmbito da educação ficou com alguns problemas. O primeiro é quanto à intencionalidade, ou seja, a organização dos meios e controle das atividades tendo em vista os fins a atingir. O segundo refere-se ao conjunto de elementos articulados entre si envolvendo, portanto, coerência interna e formando uma totalidade (elementos que implicam instâncias normativas, administrativas e pedagógicas, níveis e modalidades de ensino, instituições escolares com seus equipamentos materiais e pedagógicos e respectivos agentes). Também menciona a articulação com a sociedade em que se insere, respondendo às suas necessidades educacionais, o que implica a coerência externa. Por fim, há as normas próprias, isto é, a capacidade de autorregulação, o que lhe confere um razoável grau de autonomia.

A Constituição Federal de 1988 estaria tratando da organização das redes escolares, mencionando então um sistema estadual, um sistema municipal, um sistema particular, etc. (SAVIANI, 2013). Aos municípios, caberia manter escolas de educação infantil e de ensino fundamental (inciso VI do artigo 30 da Constituição Federal de 1988: "compete aos Municípios [...] manter, com a cooperação técnica e financeira da União e do Estado, programas de educação pré-escolar e de ensino fundamental" (BRASIL, 1988, documento on-line)). No entanto, deixou lacunas que só foram contornadas com a LDB, o que, entretanto, não chegou a normatizar um sistema nacional de educação.

Outras questões na Constituição de 1988 aparecem como subjetivas, mas tomam forma e discussão. Cury (2008) menciona como importante o fato do direito à educação básica, hoje entendido como um direito do cidadão, não mencionado de forma direta, mas entendido no espírito do texto, assim como o universalismo de outros direitos. O artigo 205 da CF de 1988 afirma: "A educação, direito de todos e dever do Estado e da família, será promovida e incentivada com a colaboração da sociedade, visando ao pleno desenvolvimento da pessoa, seu preparo para o exercício da cidadania e sua qualificação para o trabalho" (BRASIL, 1988, documento on-line).

Para Saviani (2013, p. 220), é importante distinguir a proclamação de direitos e sua efetivação: "A cada direito corresponde um dever. Se a educação é proclamada como um direito e reconhecida como tal pelo poder público, cabe a este poder a responsabilidade de prover os meios para que o referido direito se efetive".

Atualmente, a Constituição de 1988 encontra-se alterada com um grande número de Emendas Constitucionais. No campo da educação de modo geral, isso significou avanços, mas encontramos fortes limitações. Segundo Saviani (2013), a precariedade na infraestrutura e equipamentos das escolas, na formação de professores, nas condições de exercício docente e nos baixos salários demonstra que a prioridade conferida à educação no texto da Constituição, nas leis complementares e no discurso que se tornou hegemônico entre os políticos, empresários e em todos os setores que compõem a sociedade não representa uma realidade.

Oliveira (1999) comenta o uso de recursos no sistema de justiça para principalmente garantir o atendimento, com aberturas de vagas, com relativo sucesso. No entanto, em casos de direitos coletivos, como qualidade de ensino, há certa resistência pelo poder público em acatar o que dispõe a Constituição de 1988. Cury (2008) comenta que esse ordenamento jurídico precisou incorporar conceitos novos e abstratos que dessem forma às novas substâncias que emergiam na sociedade.

Fique atento

Saviani (2013, p. 221) observa que na Constituição atualmente em vigor:

> [...] a educação é direito público subjetivo, passível, portanto, de mandado de injunção e se o não atendimento deste direito importa na responsabilização da autoridade competente, então a área jurídica, de modo geral, e o Ministério Público, em particular, têm muito trabalho pela frente à vista do objetivo de efetivar, de modo universal, o direito à educação no Brasil.

Como já comentado, o direito à educação aparece no artigo 6º, mas a educação tem destaque no artigo 205: "A educação, direito de todos e dever do Estado e da família [...]" (BRASIL, 1988, documento *on-line*). No artigo 206, especifica-se que: "O ensino será ministrado com base nos seguintes princípios: [...] IV gratuidade do ensino público nos estabelecimentos oficiais" (BRASIL, 1988, documento *on-line*). Conforme Oliveira (1999), há uma inovação na formulação da gratuidade, que é assegurada em todos os níveis na rede pública, ampliando para os ensinos médio e superior, que nunca haviam sido contemplados em constituições anteriores.

É na atual Constituição que se define como dever do Estado estender o mesmo aos que "a ele não tiveram acesso na idade própria" (BRASIL, 1988, documento *on-line*). Segundo Oliveira (1999), esse texto aperfeiçoa os de 1967/69, que especificavam a gratuidade e a obrigatoriedade para crianças e jovens dos 7 aos 14 anos, mas não mencionavam o atendimento às pessoas que estão fora dessa faixa etária.

Outro ponto importante abordado está no inciso II, que aponta a perspectiva de "progressiva extensão da gratuidade e obrigatoriedade do ensino médio" (BRASIL, 1988, documento *on-line*). A escolarização aqui é uma preocupação decorrente de uma tendência mundial, ou seja, do aumento dos requisitos formais de escolarização para um processo produtivo crescentemente automatizado (OLIVEIRA, 1999). Assim, os aspectos do direito à educação apresentados nos itens anteriores já haviam sido contemplados em nossa legislação, sobre a gratuidade já citada na Constituição Imperial. O que aparece como novo é um enfoque maior na precisão jurídica, encontrado na redação.

Mecanismos capazes de garantir os direitos à educação anteriormente enunciados acabam gerando mecanismos, segundo Oliveira (1999, p. 69), discussões em torno de novas demandas, além de ajudar na mobilização para denúncia de violação de outros direitos correlatos, "como merenda escolar, material didático" e também colaborar para conhecimento sobre instrumentos políticos na escola, como o conselho escolar.

Saiba mais

É na ação conjunta do texto constitucional e da LDB que se organiza a política e o planejamento educacionais. Toda a estrutura e o funcionamento das redes escolares de todos graus de ensino dependem dessa integração. As normativas da Constituição geram para a LDB algumas normativas (SOUZA; SILVA, 1997), não podendo a LDB divergir filosófica e doutrinariamente ou acrescentar/omitir algo já consagrado na Constituição.

As diretrizes da educação na LDB

A LDB, publicada em 20 de dezembro de 1996 (LDB 9394/96) (BRASIL, 1996), corresponde à legislação que regulamenta o sistema educacional (público ou privado) do Brasil, da educação básica ao ensino superior. O texto aprovado é resultado de um longo embate, que durou cerca de oito anos, iniciando-se em 1988 com um projeto apresentado por Octávio Elíseo, que foi substituído pelo substitutivo de Jorge Hage em junho de 1990. Por fim, o projeto também substitutivo do senador Darcy Ribeiro (1992) foi à votação.

Na história do Brasil, essa é a segunda vez que a educação conta com uma lei de diretrizes e bases da educação que regulamenta todos os seus níveis. A primeira LDB, promulgada em 20 de dezembro de 1961 (LDB 4024/61) (BRASIL, 1961), representou um acordo de disputas (SAVIANI, 2001). Brzesinski (2010) relata que o início da tramitação aconteceu em 1948; passados dez anos, o debate sobre a lei aumentou porque foi apresentado um substitutivo que mudava em muitos aspectos os rumos do projeto. Essa lei sofreu muitas mudanças. Outras alterações importantes foram as Leis nº 5.540/68 e nº 5.692/71, por conta da ditadura militar que se instaurava no Brasil.

A educação foi mais bem conceituada na LDB de 1961 (SOUZA; SILVA, 1997) como processo formativo da infância e juventude. Podemos afirmar que levou em consideração "os fins (liberdade e ideais de solidariedade humana) e os hegemonizou em relação aos meios (processos formais e informais de educar)" (SOUZA; SILVA, 1997, p. 6). A lei atual prefere dar ênfase aos meios, tratando de forma sociológica o conceito, ficando mais pobre em termos filosóficos.

Quanto à LDB atual, Saviani (2001) faz um estudo aprofundado sobre as diretrizes que a compõem. Começa mencionando o conceito de educação que se manifesta como abrangente, algo positivo, porque permite corrigir unilateralismos. Quanto aos princípios e fins da educação, comenta que a lei apenas repete o que está na Constituição (artigos 205 e 206), em alguns momentos até reduzindo o que esta preconiza. É o caso do inciso V do artigo 206, que trata da valorização dos profissionais do ensino, que fica reduzida à "valorização do profissional da educação escolar" (SAVIANI, 2001, p. 203) sem mencionar a forma de valorização como está na Constituição. Quanto ao direito, ao dever e à liberdade de educar, todos são tratados da mesma forma, "predomina a transcrição dos preceitos constitucionais evitando explicitá-los" (SAVIANI, 2001, p. 203).

Quanto à explicitação de um sistema nacional de educação, que para Saviani (2001) seria um aspecto crucial a ser abordado na LDB, essa temática não é abordada. Para o autor, mesmo considerando uma temática importante, há alguns argumentos que podem justificar a falta de inclusão. Primeiro, por se tratar de uma República Federativa, a Constituição reconhece o papel dos estados e municípios, entendendo, assim, não conveniente um sistema nacional de educação. Em contrapartida, quando pensamos em LDB, entende-se que os "fins e meios, ao serem estes definidos em termos nacionais, pretende-se não apenas indicar os rumos para onde se quer caminhar, mas organizar a forma, isto é, os meios através dos quais os fins serão atingidos" (SAVIANI, 2008, p. 14). Desse modo, Saviani (2001), mesmo entendendo a organização política brasileira, defende um sistema nacional de educação.

Segundo Brzesinski (2010, p. 190), um conflito importante do projeto da LDB atual foi o conflito do público *versus* privado, pois representa um cenário político-ideológico no qual "as escolas básicas confessionais católicas e algumas escolas públicas foram paulatinamente retirando-se do cenário educacional, para dar lugar às escolas privadas". Para a autora, essa situação acontece em decorrência das mudanças relacionadas ao sistema de produção que passaram a favorecer o capitalismo globalizado, neoliberal. Essa configuração levou as escolas a seguir uma tendência de entender as instituições educacionais em todos os níveis, desde a educação básica, passando pela educação superior, até empresas de ensino. Ainda conforme Brzesinski (2010), a preocupação de intelectuais como Florestan Fernandes estava no fato de a educação ser atingida pela privatização, no risco de um êxito relativo, ou seja, era preciso avaliar os resultados a partir de financiamento estrangeiro e norte-americano.

O professor Fernandez entendia que o Brasil poderia destruir um sistema de instituições públicas com a dominação imperialista e a internacionalização dos recursos materiais e humanos.

O professor Fernandes, que atuava como deputado federal no período, teve papel importante nas articulações para amenizar as polêmicas com diálogos acirrados permitindo que muitas questões fossem repensadas (BRZESINSKI, 2010). O projeto não foi completamente vitorioso para os adeptos da escola pública, gratuita, laica e de qualidade, mas foi muito bem recebido. Durante a tramitação no Senado Federal, o senador Darcy Ribeiro, com apoio de outros senadores, apresentou um substitutivo. As estratégias regimentais favoreceram a aprovação do substitutivo de Darcy Ribeiro. A lei foi então publicada em 20 de dezembro de 1996.

Vários são os avanços encontrados na LDB, apesar das críticas quanto à versão final publicada. Uma crítica é no fato da versão final publicada não ser o texto original oriundo das discussões que se estabeleceram no Brasil. No entanto, o que se entende é que a base fundamental de direitos é encontrada no texto. A questão da universalização do ensino que encontramos na LDB, por exemplo, é fruto, sem dúvida, da apropriação de vários fundamentos da Constituição de 1988 (CURY, 2008), que não está citada de forma direta, mas é entendida e apropriada.

A Constituição de 1988 estabeleceu em seu artigo 205 que a educação é direito de todos e dever do Estado e da família, que visa ao pleno desenvolvimento da pessoa, seu preparo para o exercício da cidadania e sua qualificação para o trabalho" (BRASIL, 1988, documento *on-line*). Para organizar o sistema, entra a LDB", que, em seu título III, trata do direito à educação de forma bastante detalhada. No entanto, Saviani (2000) aponta como problema a formulação de uma lei sem que se tenha real conhecimento da realidade educacional nacional, apesar de também entender que a formulação já demonstra certa consciência dos problemas. Para o autor, a lei exige aprofundamento da consciência. Uma das questões é a preocupação com a efetividade da obrigatoriedade inscrita na Constituição, que na LDB aparece como fundamental, inclusive propondo a gratuidade do ensino fundamental, mesmo às crianças que não puderam aceder na idade certa. Souza e Silva (1997) comentam que apenas 86% das crianças de 7 a 14 anos em 1990 estavam matriculadas na escola, assim a lei passou a prever responsabilidade ao poder público (união, estados, município e Distrito Federal).

Para Saviani (2001), a universalização pode ser atingida por conta dos dispositivos que tratam da educação básica. Com a LDB, os dias letivos passam para 200 e a carga horária anual passou para 800. O autor entende isso como uma medida fundamental para garantir a escolarização especialmente para crianças cujas famílias tem uma renda mais baixa.

Saiba mais

O livro de Demerval Saviani *A nova lei da educação: LDB — trajetória, limites e perspectivas* (2001), é consulta necessária para entender o contexto político em que a lei e as diretrizes da educação brasileira avançaram até a publicação da LDB atual. O livro traz os antecedentes históricos desde a primeira constituição brasileira até os dias atuais e revela a política neoliberal que está por trás dos documentos.

Organização e oferta do ensino no Brasil

Em relação aos níveis e modalidade da educação e do ensino, a LDB passa a designar a educação básica como formada por educação infantil, ensino fundamental e ensino médio, como vemos na Figura 1. No entanto, antigamente a questão da obrigatoriedade estava presente na Lei nº 9394/96 (LDB), em que os Parâmetros Curriculares Nacionais e a educação no Brasil aparecem para o ensino fundamental, ficando a extensão da obrigatoriedade para a educação infantil e ensino médio aplicada de forma progressiva (SOUZA; SILVA, 1997), o que foi alterado pela Lei nº 12.796, de 2013, que determina a obrigatoriedade e oferta de ensino público dos 4 aos 17 anos de idade. No caso da qualificação para o trabalho, que anteriormente estava marcado como componente para o 1º e 2º graus, passa a "fornecer ao educando meios para progredir no trabalho e em seus estudos posteriores" (SOUZA; SILVA, 1997, p. 41).

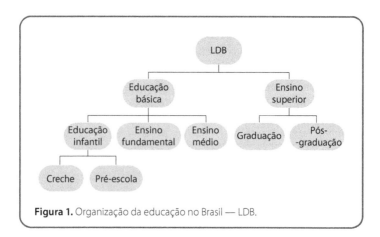

Figura 1. Organização da educação no Brasil — LDB.

Em termos de informação histórica, a LDB organizou a educação em educação básica e ensino superior, ficando na educação básica a educação infantil, que está organizada em creche e pré-escola, o ensino fundamental e o ensino médio (Figura 1). No que se refere ao ensino superior, é possível observar a graduação e a pós-graduação.

De acordo com Souza e Silva (1997), a LDB corrige o rumo que a Lei nº 5692/71 tentava impor, que era a profissionalização obrigatória no 2º grau. A educação profissional passa a aparecer no Capítulo III, na articulação com o ensino regular ou outra estratégia de educação continuada. A proposta revia abertura de cursos especiais por escolas técnicas e profissionais. Segundo Saviani (2001), há falta de objetividade no capítulo, já que não se definem instâncias, competências e responsabilidades. No entanto, a Lei nº 11.741, de 2008, diz que "A preparação geral para o trabalho e, facultativamente, a habilitação profissional poderão ser desenvolvidas nos próprios estabelecimentos de ensino médio ou em cooperação com instituições especializadas em educação profissional". Essa alteração amplia a possibilidade da oferta do ensino profissionalizante e apresenta mais linhas norteadoras para as escolas que pensem em ofertar esse tipo de ensino.

De modo geral, a organização do ensino acompanha as demandas econômicas e sociais de cada tempo histórico. Para compreender essas alterações, é importante que o profissional analise o contexto da redação de cada uma destas leis para melhor compreender a intencionalidade política na formação nacional.

Fique atento

As modalidades da educação se embasam em documentos que garantem as adequações necessárias às peculiaridades de cada uma. Há definições e orientações importantes para a organização da ação pedagógica, dentre as quais destacamos conteúdos curriculares e metodologias apropriadas e organização escolar própria, incluindo adequação do calendário escolar quando necessário.

Quanto às modalidades de educação, anteriormente a lei indicava apenas a finalidade da educação infantil, sua organização em creches e pré-escolas, definindo idades e recomendando que a avaliação não tenha objetivos de promoção, e sim um fim de acompanhamento. Para Saviani (2001), um fator importante seria regulamentar a autorização e o acompanhamento de funcionamento, principalmente porque é um nível com investimento privado e necessita de regulamentação para que o funcionamento esteja de acordo com os objetivos da educação nacional. O fato importante é que, se as escolas de educação infantil se organizarem como cursos livres, não se poderá tomar providências quando acontecer algum tipo de abuso.

Sobre o ensino superior, não há qualquer tratamento aprofundado nem na configuração das finalidades, nem em atividades regulares, sistemáticas e continuadas. Já a cultura do ensino superior, que antes era pouco mencionada, agora passa a ter maior atenção quanto ao seu processo de ingresso, regulamentação federal, organização estrutural, docente, discente, de carga horária e expedição de diplomas. Quando se trata de gestão, alguns elementos são considerados significativos, como a relação com a gestão das unidades: "exigência de 70% das vagas dos órgãos colegiados das instituições públicas de nível superior sejam ocupadas por professores" (SAVIANI, 2001, p. 216).

A Constituição de 1988 assegurou aos índios no Brasil o direito de manter suas línguas, culturas e tradições. Com isso, foi prevista a construção de uma escola indígena que contribua para o processo de afirmação étnica e cultural (CONGRESSO BRASILEIRO DE QUALIDADE NA EDUCAÇÃO, 2002). A LDB vem assegurar esses direitos, afirmando que a educação escolar indígena deverá ter um tratamento diferenciado das demais escolas dos sistemas de ensino, o que é enfatizado pela prática do bilinguismo e da interculturalidade.

Como exemplo de direitos assegurados já em 1996 pela LDB, podemos citar o artigo 23:

> A educação básica poderá organizar-se em séries anuais, períodos semestrais, ciclos, alternância regular de períodos de estudos, grupos não seriados, com base na idade, na competência e em outros critérios, ou por forma diversa de organização, em que o interesse do processo de aprendizagem assim o recomendar (BRASIL, 1996, documento *on-line*).

Por sua vez, o artigo 26 (BRASIL, 1996) trata da importância de considerar as características regionais e locais da sociedade e da cultura, da economia e da clientela de cada escola, para que se consiga atingir os objetivos do ensino fundamental. Em 2021, foi inserido no § 9º que:

> Conteúdos relativos aos direitos humanos e à prevenção de todas as formas de violência contra a criança, o adolescente e a mulher serão incluídos, como temas transversais, nos currículos de que trata o *caput* deste artigo, observadas as diretrizes da legislação correspondente e a produção e distribuição de material didático adequado a cada nível de ensino (redação dada pela Lei nº 14.164, de 2021, documento *on-line*).

A educação especial aparece em três artigos (BRASIL, 1988): art. 206, que trata dos princípios do ensino; art. 208, que garante o atendimento; e art. 213, que explicita a questão dos recursos públicos destinados às escolas. Sobre o princípio de atendimento, entende-se como uma modalidade de educação escolar que deve situar-se preferencialmente na rede regular de ensino. Ademais, determinam-se, quando necessário, serviços de apoio especializado, prevendo-se recursos a classes, escolas ou serviços especializados quando não for possível o atendimento em classes comuns. Ainda é estabelecido que o atendimento deve iniciar na educação infantil (SAVIANI, 2001). A lei prevê que a alternativa preferencial é o atendimento em instituições públicas de ensino regular. No entanto, caso seja necessário, há atribuição aos órgãos normativos para estabelecer critérios para atendimento em entidades sem fim lucrativo.

Em 2021, foi inserido mais um capítulo dedicado à educação bilíngue de surdos, o capítulo V-A (incluído pela Lei nº 14.191, de 2021), que prevê educação escolar oferecida em língua brasileira de sinais (Libras) como primeira língua e em português escrito como segunda língua. Também prevê serviços de apoio educacional especializado, como o atendimento educacional especializado bilíngue para atender para estudantes surdos.

Sobre a educação no campo, a LDB garante a flexibilização do ensino nos artigos 23 e 28. O art. 28 trata mais especificamente da educação do campo, em que estão previstas as adequações necessárias às peculiaridades da vida no campo e de cada região. Em 2008, acontece a inserção do seguinte capítulo, que contempla a educação afro-brasileira e indígena:

> Art. 26-A. Nos estabelecimentos de ensino fundamental e de ensino médio, públicos e privados, torna-se obrigatório o estudo da história e cultura afro-brasileira e indígena. [...] O conteúdo programático a que se refere este artigo incluirá diversos aspectos da história e da cultura que caracterizam a formação da população brasileira, a partir desses dois grupos étnicos, tais como o estudo da história da África e dos africanos, a luta dos negros e dos povos indígenas no Brasil, a cultura negra e indígena brasileira e o negro e o índio na formação da sociedade nacional, resgatando as suas contribuições nas áreas social, econômica e política, pertinentes à história do Brasil (redação dada pela Lei nº 11.645, de 2008, documento *on-line*).

Por sua vez, a Educação de Jovens e Adultos (EJA) encontra-se na LDB no capítulo II, seção V, em que se determina a necessidade de "recensear anualmente as crianças e adolescentes em idade escolar, bem como os jovens e adultos que não concluíram a educação básica" (BRASIL, 1996, documento *on-line*). Essa determinação é importante para o movimento de inclusão, também presente em outros pontos da LDB e da Constituição. Quanto à educação profissional, a LDB teve em 2008 a inserção de quatro artigos — 37, 39, 41 e 42 — que propõem que a educação profissional integre os diferentes: "níveis e modalidades de educação e as dimensões do trabalho, da ciência e da tecnologia. Os cursos poderão ser organizados por eixos tecnológicos; assim, possibilitam a construção de diversos itinerários formativos" (TANCREDI, 2008, documento *on-line*). Em suma, a legislação é dinâmica e acaba por se modificar diante das necessidades apresentadas pelos governos e pela população atendida.

Referências

BRASIL. *Constituição* (1988). Constituição da República Federativa do Brasil. Brasília, DF, 1988. Disponível em: http://www.planalto.gov.br/ccivil_03/constituicao/constituicao.htm. Acesso em: 17 jun. 2018.

BRASIL. *Lei nº 4.024, de 20 de dezembro de 1961*. Fixa as Diretrizes e Bases da Educação Nacional. Brasília, DF, 1961. Disponível em: http://www.planalto.gov.br/ccivil_03/Leis/L4024compilado.htm. Acesso em: 17 jun. 2018.

BRASIL. *Lei nº 9.394, de 20 de dezembro de 1996*. Estabelece as diretrizes e bases da educação nacional. Brasília, DF, 1996. Disponível em: http://www.planalto.gov.br/ccivil_03/Leis/L9394compilado.htm. Acesso em: 17 jun. 2018.

BRASIL. **Lei nº 11.741, de 2008**. Altera dispositivos da Lei nº 9.394, de 20 de dezembro de 1996, que estabelece as diretrizes e bases da educação nacional, para redimensionar, institucionalizar e integrar as ações da educação profissional técnica de nível médio, da educação de jovens e adultos e da educação profissional e tecnológica. Brasília, DF, 2008. Disponível em: http://www.planalto.gov.br/ccivil_03/_ato2007-2010/2008/lei/l11741.htm. Acesso em: 13 jul. 2022.

BRASIL. *Lei nº 14.164, de 2021*. Altera a Lei nº 9.394, de 20 de dezembro de 1996 (Lei de Diretrizes e Bases da Educação Nacional), para incluir conteúdo sobre a prevenção da violência contra a mulher nos currículos da educação básica, e institui a Semana Escolar de Combate à Violência contra a Mulher. Brasília, DF, 2021. Disponível em: http://www.planalto.gov.br/ccivil_03/_ato2019-2022/2021/Lei/L14164.htm. Acesso em: 13 jul. 2022.

BRZEZINSKI, I. Tramitação e desdobramentos da LDB/1996: embates entre projetos antagônicos de sociedade e de educação. *Trabalho, Educação e Saúde*, Rio de Janeiro, v. 8, n. 2, p. 185-206, out. 2010. Disponível em: http://www.scielo.br/pdf/tes/v8n2/a02v8n2.pdf. Acesso em: 17 jun. 2018.

CONGRESSO BRASILEIRO DE QUALIDADE NA EDUCAÇÃO - Formação de professores: educação escolar indígena, 4., 2002, Brasília. *Anais eletrônicos...* Brasília, DF: MEC, SEF, 2002. Organização Marilda Almeida Marfan. Disponível em: http://portal.mec.gov.br/seb/arquivos/pdf/vol4a.pdf; http://portal.mec.gov.br/seb/arquivos/pdf/vol4b.pdf; http://portal.mec.gov.br/seb/arquivos/pdf/vol4c.pdf. Acesso em 17 jun. 2018.

CURY, C. R. J. A educação básica como direito. *Cadernos de Pesquisa*, São Paulo, v. 38, n. 134, p. 293-303, maio/ago. 2008. Disponível em: http://www.scielo.br/pdf/cp/v38n134/a0238134.pdf. Acesso em: 17 jun. 2018.

OLIVEIRA, R, P. de. O direito à educação na Constituição Federal de 1988 e seu restabelecimento pelo sistema de Justiça. *Revista Brasileira de Educação*, Rio de Janeiro, n. 11, p. 61-74, maio/jun./ago. 1999. Disponível em: http://egov.ufsc.br/portal/sites/default/files/anexos/30315-31270-1-PB.pdf. Acesso em: 17 jun. 2018.

SAVIANI, D. A educação na Constituição Federal de 1988: avanços no texto e sua neutralização no contexto dos 25 anos de vigência. *RBPAE*, Goiânia, v. 29, n. 2, p. 207-221, maio/ago. 2013. Disponível em: www.seer.ufrgs.br/rbpae/article/download/43520/27390. Acesso em: 17 jun. 2018.

SAVIANI, D. *A nova lei da educação*: LDB trajetória, limites e perspectivas. 7. ed. Campinas: Autores Associados, 2001.

SAVIANI, D. *Desafios da construção de um sistema nacional articulado de educação*. 2008. Disponível em: http://www.scielo.br/pdf/tes/v6n2/02.pdf. Acesso em: 12 jun. 2018.

SAVIANI, D. *Educação brasileira*: estrutura e sistemas. 8. ed. Campinas: Autores Associados, 2000.

SOUZA, P. N. P.; SILVA, E. B. *Como entender e aplicar a nova LDB*. São Paulo: Pioneira, 1997.

TANCREDI, L. Educação profissional na LDB. *Portal MEC*, Brasília, DF, 16 jul. 2008. Disponível em: http://portal.mec.gov.br/proinfantil/apresentacao?task=view&id=10879. Acesso em: 17 jun. 2018.

Leituras recomendadas

BRASIL. *Lei nº 13.005, de 25 de junho de 2014*. Aprova o Plano Nacional de Educação — PNE e dá outras providências. Brasília, DF, 2014. Disponível em: http://www.planalto. gov.br/ccivil_03/_Ato2011-2014/2014/Lei/L13005.htm. Acesso em: 17jun. 2018.

BRZEZINSKI, I. (Org.). *LDB interpretada*: diversos olhares se entrecruzam. 10. ed. São Paulo: Cortez, 2007.

FERNANDES, F. Diretrizes e Bases: conciliação aberta. *Educação e Sociedade*, Campinas, n. 36, p. 142-149, ago. 1990.

LIBÂNEO, J. C. *Democratização da escola pública*: a pedagogia crítico-social dos conteúdos. 21. ed. São Paulo: Loyola, 2006.

A educação na atualidade, desafios e possibilidades

Objetivos de aprendizagem

Ao final deste texto, você deve apresentar os seguintes aprendizados:

- Analisar os limites e desafios para a educação pública brasileira na atualidade.
- Descrever os modelos educacionais vigentes na atualidade.
- Apontar algumas possibilidades de organização da escola e da educação no século XXI.

Introdução

Neste capítulo, você vai estudar a educação brasileira na atualidade, os desafios e as possibilidades. Vai conhecer algumas concepções e ideias que tratam de analisar os limites e desafios para uma educação pública de qualidade. Também conhecerá os modelos educacionais vigentes nas escolas públicas e privadas e, por fim, a partir de teóricos da atualidade, conhecerá algumas possibilidades de organização da escola e da educação no século XXI.

A educação pública brasileira

"Não há educação fora das sociedades humanas e não há homem no vazio" (FREIRE, 1999, p. 42). Assim inicia Paulo Freire um diálogo sobre o processo de alfabetização de adultos, abordando questões políticas, sociais e filosóficas. Nos anos 1960, o educador viveu no Brasil um processo de mudanças, pois entendia que o país havia nascido e vivido sem a experiência do diálogo, por conta do modelo colonizador escravagista. Paulo Freire (1999) comenta que, a partir dos anos 1930, o Brasil iniciou um processo de transição e a participação começou a fazer parte da sociedade.

A partir dos anos 1970, os educadores, organizados em sindicatos e associações, passam a lutar pela defesa do ensino público de qualidade para todos. Os principais momentos dessa história de debates e construção de propostas para a educação aconteceram em diferentes encontros. Cabe destacar o I e o II Seminário Brasileiro de Educação (1975 e 1980), as Conferências Brasileiras de Educação (1984, 1986 e 1988), a IX Reunião Anual da Associação Nacional de Pesquisa e Pós-Graduação em Educação (Anped) (1986) e os encontros anuais da Sociedade Brasileira para o Progresso da Ciência-SBPC. Esses espaços, entre outros, possibilitaram a construção de propostas, tanto para a nova Constituição Federal, como para a Lei de Diretrizes e Bases da Educação Nacional.

Severino (2014) comenta que a Constituição de 1988 gerou muita euforia e esperança por representar a possibilidade de democratização, e a LDB acabou por ser buscada como uma lei de caráter especial, por conta da abrangência. Com o passar dos anos, a lei sofreu muitas mudanças, apresentando, no aniversário de 20 anos de sua promulgação, 32 emendas, o que mostrava que o debate e o envolvimento popular sobre as demandas da educação haviam se mantido.

As mudanças buscadas estão mais atreladas ao desejo de inclusão do processo educativo de sujeitos até o momento pouco comtemplados (SEVERINO, 2014), como afrodescendentes, indígenas, adultos com pouca ou nenhuma escolaridade. É importante destacar que as discussões também incluíam o aumento do tempo de permanência na escola, a garantia de maior controle quantitativo e qualitativo do desempenho escolar dos estudantes, a consolidação da educação infantil, a implementação de um currículo de base nacional e garantias de formação de professores, bem como a organização das funções do magistério com estabelecimento de ações concretas. Seguindo essa linha de debate e mudanças almejadas pelas organizações, aconteceu a elaboração do Plano Nacional de Educação – PNE, na década de 1990, o qual, seguindo as orientações da LDB, buscava cuidar da articulação e do desenvolvimento do ensino, em seus diversos níveis, e da integração das ações do poder público na condução. No entanto, como comenta Severino (2014), o PNE não seguiu a linha de debate, mas, sim, uma linha conservadora, ficando reduzido a uma visão política governamental.

A partir da década de 1990, o Conselho Nacional de Educação (CNE), um órgão colegiado integrante do Ministério da Educação (MEC) e que foi criado com o objetivo de colaborar na formação da Política Nacional de Educação e exercer atribuições normativas, deliberativas e de assessoramento ao ministro da Educação, passou a realizar a regulamentação das medidas determinadas pela LDB e pelo PNE. Assim, houve a publicação dos Parâmetros Curriculares

Nacionais (PCNs), para o ensino básico, e das Diretrizes Curriculares, para os cursos do ensino superior (SEVERINO, 2014).

Em termos de resultados das ações, a linha observada segue a estrutura de interesse governamental, "[...] certamente apoiado nas políticas impositivas procedentes dos organismos internacionais de financiamento do país, tudo envolvido no caldo ideológico do neoliberalismo" (SEVERINO, 2014, p. 34), ideia entendida pelo autor como uma concepção tecnicista e pragmática da formação humana, a qual representa apenas a operacionalização funcional do mercado de trabalho. O que se observa no período é o fato de que muitas ações que acontecem estão em desacordo com as organizações que continuam se mobilizando e discutindo. Segue, então, em 2007, uma proposta de Plano de Desenvolvimento da Educação (PDE), como forma de retomar as metas do PNE. O que se observa Severino (2014) é que o PDE acaba direcionando as linhas para o PNE 2011-2020. Libâneo, Oliveira e Toschi (2012) comentam que, a partir de 2009, foram realizadas conferências municipais, estaduais e regionais que culminaram com a Conferência Nacional de Educação (CONAE) e um documento-base para que, em 2010, fosse apresentado novo PNE.

O PNE contém 20 metas que devem ser atingidas no período de 2011 a 2020 (BRASIL, 2018a). O ponto considerado mais crucial é o índice de 7% de recursos públicos aplicados à educação que no PNE anterior havia sido vetado (LIBÂNEO; OLIVEIRA; TOSCHI, 2012). Em 2000, o percentual de investimento em educação era de 4,7% do PIB, e, em 2007, estava em 5,1%. Para Libâneo, Oliveira e Toschi (2012), as reformas educativas nos últimos 20 anos estão coincidindo com a recomposição do sistema capitalista mundial, que incentiva a economia neoliberal, modificando o papel do estado, ou seja, reduzindo o papel de atuação, o que resulta em graves prejuízos à educação pública, gratuita e de qualidade. No entanto, não se pode ignorar os dispositivos legislativos e o fato de que estes podem ser questionados em busca de uma educação emancipadora; por isso, a participação ativa nos processos de construção de um projeto educacional é fundamental (LIBÂNEO; OLIVEIRA; TOSCHI, 2012). A participação pode ocorrer em diferentes esferas.

Para Gadotti (2004), o discurso da autonomia, cidadania e participação no espaço escolar ganhou força e, com ele, nasceu uma reivindicação sobre um projeto político-pedagógico (PPP) para cada escola. O autor entende que o projeto político-pedagógico "[...] é o conjunto dos seus currículos, dos seus métodos, o conjunto dos seus atores internos e externos e o seu modo de vida" (GADOTTI, 2004, p. 34). Como PPP não é de responsabilidade apenas da direção – ao contrário, a direção é escolhida a partir do reconhecimento da competência e da liderança em desenvolver um projeto coletivo –, a escola escolhe primeiro o projeto e, depois, uma liderança. "Ao se eleger um diretor de escola, o que se está elegendo é um projeto para a escola" (GADOTTI, 2004, p. 34).

O projeto da escola está inserido num cenário de diversidade no qual cada escola é resultado de desenvolvimento das próprias contradições, ou seja, não existem duas escolas iguais, nem um padrão único que oriente a escolha do projeto das escolas. A autonomia e a gestão democrática da escola fazem parte da própria natureza do ato pedagógico, sendo uma exigência do próprio projeto político-pedagógico. Para Gadotti (2004), a educação hoje exige mudança de mentalidade, e isso significa que a escola é uma conquista da comunidade, e não um aparelho burocrático do Estado.

Há pelo menos duas razões que justificam a implantação de um processo de gestão democrática: primeiro, a escola deve formar parte da cidadania, pois, para Gadotti (2004), representa um passo importante no aprendizado da democracia; e, segundo, para melhorar o ensino. Tanto a autonomia como a participação são pressupostos do PPP.

A gestão democrática tem um papel importante na circulação de informação, divisão de trabalho, estabelecimento do calendário escolar, distribuição das aulas, processo de elaboração de novos cursos ou novas disciplinas. "A Gestão democrática é, portanto, atitude e método" (GADOTTI, 2004, p. 36). Todo projeto deve levar em consideração o presente e realizar propostas para o futuro. "Projetar significa tentar quebrar um estado confortável para arriscar-se" (GADOTTI, 2004, p. 37), significando atravessar um período de instabilidade e buscar uma nova estabilidade.

Fique atento

O MEC conta com programas para fortalecer a participação nas escolas brasileiras. Uma forma de fortalecimento são os Conselhos Escolares, constituídos por pais, representantes de alunos, professores, funcionários, membros da comunidade e diretores de escola. Cada escola deve estabelecer regras transparentes e democráticas de eleição dos membros do conselho, e cabe a ele zelar pela manutenção da escola e monitorar as ações dos dirigentes escolares a fim de assegurar a qualidade do ensino. Eles têm funções deliberativas, consultivas e mobilizadoras, fundamentais para a gestão democrática das escolas públicas.

Fonte: Brasil (2018b).

Modelos educacionais

Até 1960, o sistema educacional brasileiro era centralizado seguindo determinações da União, ou seja, quem estabelecia e organizava o ensino era o MEC, na esfera federal, e esse modelo era seguido por todos os estados e municípios. Com a aprovação da primeira Lei de Diretrizes e Bases da Educação (LDB), em 1961, os órgãos estaduais e municipais ganharam mais autonomia, diminuindo a centralização do MEC (BRASIL, 2018c).

Com a aprovação da LDB, observamos a configuração do modelo educacional brasileiro com especificações importantes para a organização dos estados e municípios. O ensino religioso foi considerado facultativo nas escolas públicas, houve a criação do salário-educação como uma contribuição contínua que se tornou fonte de recursos para a educação básica brasileira, a reforma universitária, com autonomia didático-científica, disciplinar, administrativa e financeira às universidades, a obrigatoriedade do ensino dos 7 aos 14 anos, um currículo comum para o primeiro e segundo graus e uma parte diversificada em razão das diferenças regionais.

Em uma nova reforma que aconteceu em 1996, na nova LDB, novas mudanças modificaram o modelo brasileiro, sendo uma das mais importantes a inclusão da educação infantil (creches e pré-escola) na educação básica. Outra questão importante foi a criação do Fundo de Manutenção e Desenvolvimento do Ensino Fundamental e de Valorização do Magistério (Fundef) para atender ao ensino fundamental.

> O Fundef vigorou até 2006, quando foi substituído pelo Fundo de Manutenção e Desenvolvimento da Educação Básica e de Valorização dos Profissionais da Educação (Fundeb). Agora, toda a educação básica, da creche ao ensino médio, passa a ser beneficiada com recursos federais. Um compromisso da União com a educação básica, o qual se estenderá até 2020 (ORGANIZAÇÃO DOS ESTADOS IBEROAMERICANOS PARA A EDUCAÇÃO, A CIÊNCIA E A CULTURA, 2014, p. 40).

A partir dessa organização legal, o modelo educacional brasileiro passa a se organizar. Segundo Saviani (2017), as transformações mais decisivas nos campos econômico, político, social, cultural e educacional parecem ocorrer no início do século XX, que na esfera educativa vai se construindo aos poucos. No início, preocupou-se com requisitos básicos para organizar os serviços educacionais na forma de um sistema. Nesse momento, organizaram-se as questões administrativas e pedagógicas como um todo, o que implicou a criação de órgãos centrais e intermediários. Na sequência, pensou-se em construção de prédios, formação de professores com critérios para admissão e exigências de formação. Passou-se, então, a uma preocupação com a organização curricular com definição de diretrizes pedagógicas. A política que vem sendo usada para implementar o modelo educacional brasileiro está na direção do Ministério da Educação (MEC), que tende a incentivar a flexibilização e a descentralização das responsabilidades de manutenção das escolas brasileiras (SAVIANI, 2017). Enquanto o modelo americano e o europeu seguem apenas um modelo sob a organização do MEC, o sistema brasileiro tende a ser configurado sem seguir uma regra fixa. Os municípios, por exemplo, têm sido induzidos a assumir essa responsabilidade do ensino fundamental.

Toda a organização da educação brasileira, como os órgãos administrativos responsáveis, quais são os níveis e modalidades de ensino, entre outros aspectos, estão na Lei nº. 9.394 de Diretrizes e Bases da Educação Nacional, de 20 de dezembro de 1996 (BRASIL, 1996).

Saiba mais

Órgãos responsáveis pela educação (em âmbito federal):
- Ministério da Educação (MEC)
- Conselho Nacional de Educação (CNE)

Órgãos responsáveis pela educação (em âmbito estadual):
- Secretaria Estadual de Educação (SEE)
- Conselho Estadual de Educação (CEE)
- Delegacia Regional de Educação (DRE) ou Subsecretaria de Educação

Órgãos responsáveis pela educação (em âmbito municipal):
- Secretaria Municipal de Educação (SME)
- Conselho Municipal de Educação (CME)

Fonte: Fogaça (2018).

A educação básica brasileira é composta de ensino infantil, fundamental e médio. O art. 21 da Lei nº. 9.394/96 afirma que a educação escolar (não a educação básica) envolve também o nível superior (BRASIL, 1996). Podem ser citadas outras modalidades de ensino, como educação de jovens e adultos (ensino fundamental ou médio), educação profissional ou técnica, educação especial e educação a distância.

As categorias administrativas para as instituições de ensino são as públicas (criadas, mantidas e administradas pelo Poder Público) e as privadas (mantidas e administradas por pessoas físicas ou jurídicas de direito privado), estando a cargo da União, dos Estados, do Distrito Federal e dos Municípios (FOGAÇA, 2018).

Responsabilidades da União: elaborar o Plano Nacional de Educação; organizar, manter e desenvolver os órgãos e as instituições oficiais do sistema federal de ensino e dos territórios; prestar assistência técnica e financeira aos estados, ao Distrito Federal e aos municípios; estabelecer competências e diretrizes para a educação básica; cuidar das informações sobre o andamento da educação nacional e disseminá-las; baixar normas sobre cursos de graduação e pós-graduação; avaliar e credenciar as instituições de ensino superior (FOGAÇA, 2018).

Responsabilidades dos Estados: zelar pelas instituições estaduais de nível fundamental e médio dos órgãos públicos ou privados, isto é, organizar, manter e desenvolver esses órgãos e instituições oficiais em regime de colaboração com os municípios. Na proposta, é preciso dividir proporcionalmente as responsabilidades da educação fundamental, elaborar e executar políticas e planos educacionais, autorizar, reconhecer, credenciar, supervisionar e avaliar os cursos das instituições de educação superior dos estados e assumir o transporte escolar dos alunos da rede estadual (FOGAÇA, 2018).

Responsabilidades dos Municípios: dividem com o Estado as responsabilidades de zelar pelo ensino fundamental, mas são os principais responsáveis pelas instituições de ensino infantil. Os municípios devem organizar, manter e desenvolver os órgãos e instituições oficiais dos seus sistemas de ensino, exercer ação redistributiva em relação às suas escolas, autorizar, credenciar e supervisionar os estabelecimentos do seu sistema de ensino, oferecer educação infantil em creches e pré-escolas e assumir a responsabilidade de prover o transporte para os alunos da rede municipal. Em algumas redes municipais, existem escolas de ensino médio mantidas pelo poder público municipal. Pode optar por se integrar ao sistema estadual de ensino ou compor com ele um sistema único de educação básica (FOGAÇA, 2018).

Saiba mais

As instituições de ensino são livres para definir as próprias normas de gestão, visto que cada uma tem suas peculiaridades, levando em conta a região. É claro que essas normas devem também se submeter aos órgãos citados anteriormente, sem interferir em suas decisões e ordens de organização e estrutura do sistema de ensino (FOGAÇA, 2018).

A escola e a educação no século XXI

O que vemos na sociedade atual é uma convergência de mídias, especificamente da televisão, do rádio e dos jornais impressos com as tecnologias. Essa união criou uma relação de suas estruturas e funções e as tornou compatíveis com novas soluções para as também novas necessidades detectadas pelas pessoas que buscam novas experiências. O celular também se encontra junto desses recursos que permitem, além da comunicação imediata, publicar e participar diretamente na sociedade. Por todas essas facilidades, a tecnologia na educação se tornou um tema bastante comentado. No entanto, a escola não conseguiu acompanhar tantas mudanças tecnológicas, e as práticas de ensino ainda são desenvolvidas numa perspectiva que atende uma relação muito passiva dentro da sala de aula. A prática pedagógica necessita estar dentro da sociedade do conhecimento. "O estudante, hoje, vive miticamente e em profundidade. Na escola, no entanto, ele encontra uma situação organizada segundo a informação classificada" (MCLUHAN, 1995, p. 11).

O que observamos hoje é o professor, que é parte do processo de comunicação da sociedade e responsável pela formação intelectual e moral dos jovens, sem compreender essa nova realidade. Considerando as possibilidades pedagógicas que as tecnologias permitem, podemos destacar a participação, que está enfocada numa perspectiva que representa uma mudança de contexto didático, no qual o trabalho de produção de conhecimento deixa de ser uma atividade individualizada ou sistematizada na relação professor/estudante e passa a ser uma atividade colaborativa, com produção de conhecimento (FREIRE, 1987).

O modo como a estrutura da escola foi organizada e se mantém, mesmo com as mudanças tecnológicas, mantém tanto o conteúdo como o conhecimento estabelecidos em uma única direção, do professor para o estudante

(TELES et al., 2017). Existem vários fatores que levam a uma reflexão que justifique essa estrutura. Segundo os autores, uma delas, entre outras, é a falta de participação, ou seja, nas reuniões de planejamento, não existe a presença nem da comunidade, nem dos estudantes, todo o trabalho é uma atividade solitária do professor. Pode-se considerar outro motivo o acesso ao material do professor, os livros, por exemplo, que sempre chegaram prontos aos docentes.

O que se observa na sociedade da informação é a possibilidade de ampliação das redes de comunicação em uma estrutura que deve ser vista como inovadora, pois representa uma mudança de paradigma não apenas tecnológico, mas de conduta pedagógica. A tecnologia oferece a possibilidade de realizar produções audiovisuais com conteúdos e formatos variados. Os audiovisuais estão em celulares, tablets e todos os tipos de computadores, o que significa o acesso dos estudantes para realizar tarefas com novas linguagens. A possibilidade oferecida aos jovens em produzir novas maneiras de comunicação, de informação e de participação é uma nova forma de relação com o conteúdo pedagógico (TELES et al., 2017).

Novas formas de comunicação na escola representam novas possibilidades pedagógicas aos professores, que podem desenvolver atividades mais criativas e propostas de trabalho pedagogicamente inovadoras, como as metodologias ativas que hoje estão em processo de implementação por alguns professores.

Saiba mais

Você sabe o que é Creative Commons (CC) e Projeto GNU?
A Creative Commons é uma organização sem fins lucrativos que permite o compartilhamento e o uso da criatividade e do conhecimento por meio de licenças jurídicas gratuitas. Entre no site e veja os tipos de licença, além de aprender a publicar seu conteúdo. E, mais importante, conheça onde e como se busca conteúdo com licença aberta para uso.

https://goo.gl/qYM597

O Projeto GNU é parte do Movimento Software Livre, uma campanha para a liberdade dos usuários de software. Entre no site e conheça a história do software livre e do sistema operacional GNU/Linux.

https://goo.gl/RtbKru

Referências

BRASIL. Ministério da Educação. *Conselhos escolares*. Disponível em: <http://http://portal.mec.gov.br/programa-nacional-de-fortalecimento-dos-conselhos-escolares>. Acesso em: 1 jun. 2018b.

BRASIL. Ministério da Educação. *História*. Disponível em: <http://portal.mec.gov.br/index.php?option=com_content&view=article&id=2>. Acesso em: 1 jun. 2018c.

BRASIL. Ministério da Educação. Secretaria de Articulação com os Sistemas de Ensino. *Planejando a próxima década*: conhecendo as 20 metas do Plano Nacional de Educação. Disponível em: <http://pne.mec.gov.br/images/pdf/pne_conhecendo_20_metas.pdf>. Acesso em: 28 maio 2018a.

BRASIL. Presidência da República. Casa Civil. *Lei nº. 9.394, de 20 de dezembro de 1996*. Estabelece diretrizes e bases da educação nacional. Brasília, DF, 1996. Disponível em: <http://www.planalto.gov.br/ccivil_03/Leis/l9394.htm>. Acesso em: 19 jun. 2018.

FOGAÇA, J. *A organização e a estrutura dos sistemas de ensino no Brasil*. Disponível em: <https://educador.brasilescola.uol.com.br/imprimir/2343>. Acesso em: 19 jun. 2018.

FREIRE, P. *Educação como prática da liberdade*. 23. ed. Rio de Janeiro: Paz e Terra, 1999.

FREIRE, P. *Pedagogia do oprimido*. Rio de Janeiro: Paz e Terra, 1987.

GADOTTI, M. *História das ideias pedagógicas*. São Paulo: Ática, 2004.

LIBÂNEO, J. C.; OLIVEIRA, J. F.; TOSCHI, M. S. *Educação escolar*: políticas, estruturas e organização. São Paulo: Cortez, 2012.

MCLUHAN, M. *Os meios de comunicação*: como extensões do homem. 10. ed. São Paulo: Cultrix, 1995.

ORGANIZAÇÃO DOS ESTADOS IBEROAMERICANOS PARA A EDUCAÇÃO, A CIÊNCIA E A CULTURA. *Brasil – balcão único para o retorno*: guia de recursos para a reinserção sustentável de retornados no Brasil. [S. l.]: OEI, 2014. Disponível em: <http://docplayer.com.br/41518879-Brasil-guia-de-recursos-para-a-reinsercao-sustentavel-de-retornados-no-brasil.html>. Acesso em: 19 jun. 2018.

SAVIANI, D. *Sistema Nacional de Educação e Plano Nacional de Educação*: significado, controvérsias e perspectivas. Campinas: Autores Associados, 2017. v. 1.

SEVERINO, A. J. Os embates da cidadania: ensaio de uma abordagem filosófica da LDB/1996. In.: BRZEZINSKI, I. (Org.). *LDB 1996 contemporânea*: contradições, tensões, compromissos. São Paulo: Cortez, 2014.

TELES, P. C. S. et al. Educação e mídias digitais contemporâneas: tendências on-line, literacias e competências multiplataforma. *Revista GEMINIS*, v. 8, n. 3, p. 77-97, set./out. 2017. Disponível em: <http://www.revistageminis.ufscar.br/index.php/geminis/article/view/336/pdf>. Acesso em: 18 jun. 2018.

Leituras recomendadas

BOURDIEU, P. *Escritos de educação*. São Paulo: Vozes, 2013.

BRASIL. Ministério da Educação. Secretaria de Educação Básica. *Diretrizes Curriculares Nacionais Gerais da Educação Básica*. Brasília: MEC, SEB, DICEI, 2013.

BRASIL. Presidência da República. Casa Civil. *Constituição da República Federativa do Brasil de 1988*. Brasília, DF, 1988. Disponível em: <http://www.planalto.gov.br/ccivil_03/constituicao/constituicao.htm>. Acesso em: 19 jun. 2018.

BRASIL. Presidência da República. Casa Civil. *Lei nº. 8069, de 13 de julho de 1990*. Dispõe sobre o Estatuto da criança e do adolescente. Brasília, DF, 1990. Disponível em: <http://www.planalto.gov.br/ccivil_03/leis/l8069.htm>. Acesso em: 28 maio 2018.

ORTIZ, R. (Org.). *Pierre Bourdieu*: sociologia. São Paulo: Ática, 1983.

SAVIANI, D. et al. *O legado educacional do século XX no Brasil*. 3. ed. Campinas: Autores Associados, 2014.